Zu diesem Buch

Im deutschen Kriegsgefangenenlager bei Trier schrieb und inszenierte Sartre sein erstes Theaterstück, «Bariona, ein Weihnachtsspiel», für die Lagerweihnachtsfeier 1940. Er verband darin die Geschichte von der Geburt Jesu mit dem Versuch passiven Widerstands eines armen Dorfes gegen die ausbeuterische Steuerpolitik der römischen Besatzung: Der Dorfvorsteher Bariona läßt die Dorfbewohner schwören, künftig keine Kinder mehr in die Welt zu setzen. Die Geburt Jesu, zu dem alle Welt pilgert, vereitelt seinen Plan. Deshalb will er ihn töten. Doch einer der Weisen aus dem Morgenlande, der Mohr Balthasar – den Sartre selbst spielte –, bringt ihn davon ab, indem er ihn überredet, statt der Verzweiflung die Hoffnung und die Freiheit zu wählen, zu der er geboren ist. Bariona beschließt, mit seinem Dorf gegen die Soldaten des Herodes zu ziehen.

«Die Fliegen» ist Sartres erstes öffentlich aufgeführtes Theaterstück. Seine Uraufführung fand, mit Genehmigung der deutschen Besatzungsmacht, am 3. Juni 1943 in Paris statt. Sartre greift hier den antiken Tragödienstoff von Orest auf, der die Ermordung seines Vaters Agamemnon, König von Argos, rächt, indem er Ägist und seine mit diesem verheiratete Mutter Klytämnestra umbringt. Doch das antike Fatum, unter dessen Herrschaft Orest handelt, ersetzt Sartre durch die Freiheit, die er als dessen Umkehrung ansieht: Der Mensch ist zur Freiheit verurteilt, das heißt als alleiniger Urheber seiner Taten für sie verantwortlich, ohne Rechtfertigung, ohne Entschuldigung, ohne Hilfe eines Gottes. Die überall anwesenden Fliegen, von denen Argos heimgesucht wird und die sich manchmal in Klageweiber, manchmal in Erinnyen, die antiken Rachegöttinnen, verwandeln, sind das Symbol für die kollektive Reue, die kollektiven Gewissensbisse der Bevölkerung von Argos, die die Ermordung ihres Königs mit sadistischer Lust genossen und die Unterwerfung unter dessen Mörder zerknirscht hingenommen hat. Orests Versuch, durch seine reuelose Rache Argos von dieser Plage zu befreien, wollte Sartre als einen verschlüsselten Aufruf gegen die Propaganda des mit den Nazis kollaborierenden Vichy-Regimes verstanden wissen, dessen Staatschef Marschall Pétain am 17. Juni 1941 erklärt hatte: «Ihr leidet, und ihr werdet noch lange leiden, denn wir haben noch nicht genug für alle unsere Vergehen gebüßt.» In einer denkwürdigen Diskussion anläßlich der Berliner Aufführung seines Stücks erklärte Sartre am 1. Februar 1948: «Orest, das ist die kleine Gruppe von Franzosen, die Attentate auf die Deutschen begangen haben und seitdem die Angst vor der Reue in sich tragen, die Versuchung spüren, sich selbst zu stellen.»

Jean-Paul Sartre wurde am 21. Juni 1905 in Paris geboren. Mit seinem 1943 erschienenen philosophischen Hauptwerk *Das Sein und das Nichts* wurde er zum wichtigsten Vertreter des Existentialismus und zu einem der einflußreichsten Denker des 20. Jahrhunderts. Seine Theaterstücke, Romane, Erzählungen und Essays machten ihn weltbekannt. Durch sein bedingungsloses humanitäres Engagement, besonders im französischen Algerien-Krieg und im amerikanischen Vietnam-Krieg, wurde er zu einer Art Weltgewissen. 1964 lehnte er die Annahme des Nobelpreises für Literatur ab. Er starb am 15. April 1980 in Paris.

Jean-Paul Sartre

Gesammelte Werke in Einzelausgaben

In Zusammenarbeit mit dem Autor
und Arlette Elkaïm-Sartre
begründet von Traugott König,
herausgegeben von Vincent von Wroblewsky

Theaterstücke
Band 1 und 2

Romane und Erzählungen
Theaterstücke
Drehbücher
Philosophische Schriften
Schriften zur Literatur
Schriften zu Theater und Film
Schriften zur bildenden Kunst und Musik
Politische Schriften
Autobiographische Schriften
Tagebücher
Briefe
Reisen

Jean-Paul Sartre

Bariona oder
Der Sohn des Donners
Ein Weihnachtsspiel

Mit einem Nachwort
neu herausgegeben von Michel Rybalka
Aus dem Französischen von
Andrea Spingler

Die Fliegen
Drama in drei Akten

Neuübersetzung von
Traugott König

Rowohlt

Die französischen Originalausgaben
erschienen unter den Titeln
«Bariona, ou Le fils du tonnerre» in:
Michel Contat/Michel Rybalka, «Les écrits de Sartre»
bei Éditions Gallimard, Paris, 1970
und «Les mouches» in «Théâtre, I»
bei Éditions Gallimard, Paris, 1947

9. Auflage Juli 2002

Veröffentlicht im Rowohlt Taschenbuch Verlag GmbH,
Reinbek bei Hamburg, Mai 1991
Copyright © 1991 by Rowohlt Taschenbuch Verlag GmbH,
Reinbek bei Hamburg
«Bariona oder Der Sohn des Donners»
Copyright © 1983 by Rowohlt Taschenbuch Verlag GmbH,
Reinbek bei Hamburg
«Bariona, ou Le fils du tonnerre»
Copyright © 1970 by Éditions Gallimard, Paris
«Jean-Paul Sartre über *Bariona*» aus: «Un théâtre de situations»
Copyright © 1973 by Jean-Paul Sartre et Éditions Gallimard, Paris
«Die Fliegen»
Copyright © 1949/1954 by Rowohlt Verlag GmbH, Stuttgart/Hamburg
«Die Fliegen» in der Neuübersetzung Copyright © 1989 by
Rowohlt Taschenbuch Verlag GmbH, Reinbek bei Hamburg
«Les mouches»
Copyright © 1947 by Éditions Gallimard, Paris
«Jean-Paul Sartre über *Die Fliegen*» aus: «Un théâtre de situations»
Copyright © 1973 by Jean-Paul Sartre et Éditions Gallimard, Paris
Die Rechte der Bühnenaufführung, der Verfilmung
und der Sendung in Rundfunk und Fernsehen liegen beim
Rowohlt Theater Verlag, Reinbek bei Hamburg
Alle deutschen Rechte vorbehalten
Umschlaggestaltung any.way, Barbara Hanke
(Foto: Bavaria)
Gesamtherstellung Clausen & Bosse, Leck
Printed in Germany
ISBN 3 499 12942 6

Bariona oder
Der Sohn des Donners

Ein Weihnachtsspiel

PROLOG

Akkordeonstück

DER BÄNKELSÄNGER: Meine Herrschaften, ich werde Ihnen die außerordentlichen und einmaligen Erlebnisse von Bariona, dem Sohn des Donners, erzählen. Diese Geschichte spielt in der Zeit, als die Römer Herren in Judäa waren, und ich hoffe, sie wird Sie interessieren. Während ich erzähle, können Sie sich die Bilder hinter mir ansehen; sie werden Ihnen helfen, sich die Dinge so vorzustellen, wie sie waren. Und wenn Sie zufrieden sind, dann zeigen Sie es. Musik! Wir fangen an.

Akkordeon

Meine Herrschaften, nun der Prolog. Ich bin blind durch einen Unfall, aber bevor ich das Augenlicht verlor, habe ich mir mehr als tausendmal die Bilder angesehen, die Sie betrachten werden, und ich kenne sie auswendig, denn mein Vater war wie ich Bildervorführer und hat mir diese hier als Erbe hinterlassen. Das, was Sie hinter mir sehen und auf das ich mit dem Stock zeige, stellt, wie ich weiß, Maria von Nazareth dar. Ein Engel kommt ihr verkündigen, daß sie einen Sohn bekommen wird und daß dieser Sohn Jesus sein wird, unser Herr.
Der Engel ist riesig, mit Flügeln wie zwei Regenbogen. Sie können ihn sehen; ich sehe ihn nicht mehr, aber ich habe ihn noch im Kopf. Er ist wie eine Überschwemmung in das bescheidene Haus Mariens geströmt und erfüllt es jetzt mit seinem ätherischen heiligen Leib und seinem großen wallenden Gewand. Wenn Sie das Bild aufmerksam betrachten, werden Sie merken, daß man durch den Leib des Engels hindurch die Möbel des

Zimmers sieht. So wollte man seine engelhafte Transparenz andeuten. Er steht vor Maria, und Maria sieht ihn kaum an. Sie überlegt. Er brauchte seine Stimme nicht wie einen Orkan zu entfesseln. Er hat nicht gesprochen, denn Maria hat seine Botschaft ohne Worte verstanden; sie spürte ihn schon in ihrem Innern. Jetzt steht der Engel vor Maria, und Maria ist unermeßlich und dunkel wie ein Wald in der Nacht, und die frohe Botschaft hat sich in ihr verloren, wie ein Wanderer sich im Wald verirrt. Und Maria ist erfüllt von Vögeln und Nachtgesichtern und dem langen Rauschen der Blätter. Und tausend Gedanken ohne Worte erwachen in ihr, schwere Gedanken von Frauen, die den Schmerz spüren. Und sehen Sie, der Engel sieht bestürzt aus angesichts dieser allzu menschlichen Gedanken: er bedauert, Engel zu sein, weil Engel weder geboren werden noch leiden können. Und dieser Morgen der Verkündigung vor den überraschten Augen eines Engels ist das Fest der Menschen, denn jetzt ist der Mensch dran, geheiligt zu werden. Sehen Sie sich das Bild gut an, meine Herrschaften, und weiter geht's mit Musik; der Prolog ist zu Ende; die Geschichte beginnt neun Monate später, am 24. Dezember, in den hohen Bergen von Juda.

Musik – Neues Bild

DER BÄNKELSÄNGER: Nun sehen Sie Felsen und einen Esel. Das Bild zeigt einen sehr wilden Gebirgspaß. Der Mann, der auf dem Esel reitet, ist ein römischer Beamter. Er ist dick und fett, aber höchst übellaunig. Neun Monate sind seit der Verkündigung vergangen, und der Römer eilt durch die Schluchten, denn der Abend wird hereinbrechen, und er will Bethsur noch vor der Nacht erreichen. Bethsur ist ein Dorf von achthundert Einwohnern, fünfundzwanzig Meilen von Bethlehem und sieben Meilen von Hebron entfernt. Wer Karten lesen kann, wird es zu Hause in einem Atlas finden können. Jetzt werden Sie sehen, was dieser Beamte vorhat, denn er ist eben in Bethsur angekommen und bei Levy, dem Zöllner, eingetreten.

Der Vorhang geht auf

ERSTES BILD
Bei Levy, dem Zöllner

Erste Szene

Lelius, der Zöllner

LELIUS *verbeugt sich in Richtung der Tür*: Meine Verehrung, gnädige Frau. Mein Teuerster, Eure Frau ist charmant. Hm! So, wir müssen an die ernsten Dinge denken. Setzt Euch. Aber ja doch, setzt Euch, und unterhalten wir uns. Ich komme wegen dieser Volkszählung...

DER ZÖLLNER: Vorsicht, Herr Oberstatthalter, Vorsicht. *Er zieht seinen Pantoffel aus und haut auf den Boden.*

LELIUS: Was war das? Eine Tarantel?

DER ZÖLLNER: Eine Tarantel. Aber in dieser Jahreszeit sind sie durch die Kälte ziemlich starr. Die da kroch noch halb schlafend herum.

LELIUS: Charmant. Und Ihr habt natürlich auch Skorpione. Genauso schlafende Skorpione, die Euch müde gähnend glatt einen Mann von hundertachtzig Pfund töten würden. Die Kälte Eurer Berge kann einen römischen Bürger erstarren lassen, aber Eure dreckigen Viecher läßt sie nicht krepieren. Man sollte die jungen Leute in Rom, die sich auf die Kolonialschule vorbereiten, warnen, daß das Leben eines Kolonialverwalters eine verdammte Qual ist.

DER ZÖLLNER: Oh, Herr Oberstatthalter...

LELIUS: Ich habe gesagt: eine verdammte Qual, mein Teuerster. Zwei Tage irre ich jetzt auf dem Maulesel über diese Berge und habe kein menschliches Wesen gesehen; nicht einmal eine Pflanze, nicht einmal eine Quecke. Rote Steinblöcke unter diesem unbarmherzigen, eisblauen Himmel und dann diese Kälte, immer diese Kälte, die auf mir lastet wie ein Stein, und dann ab und zu ein

Kuhdorf wie dieses hier. Brrr... Was für eine Kälte... Selbst hier bei Euch... Ihr Juden könnt natürlich nicht heizen; jedes Jahr werdet ihr vom Winter überrascht, als wäre es der erste Winter der Welt. Ihr seid echte Wilde.

Der Zöllner: Darf ich Euch etwas Schnaps anbieten, damit Euch warm wird?

Lelius: Schnaps? Hm... Ich muß Euch sagen, daß die Kolonialverwaltung sehr streng ist: wir dürfen von unseren Untergebenen nichts annehmen, wenn wir auf Inspektionsreise sind. Also ich werde hier schlafen müssen. Übermorgen reise ich nach Hebron. Natürlich gibt es keine Herberge?

Der Zöllner: Das Dorf ist sehr arm, Herr Oberstatthalter; hierher kommt nie jemand. Aber wenn ich mir erlauben darf...

Lelius: Ihr würdet mir ein Bett bei Euch anbieten? Mein armer Freund, Ihr seid sehr nett, aber es ist immer dasselbe: Verbot, bei unseren Untergebenen zu schlafen, wenn wir auf Rundreise sind. Was wollt Ihr, unsere Statuten sind von Beamten verfaßt worden, die Italien nie verlassen haben und die nicht einmal ahnen, was ein Kolonialleben ist. Wo soll ich denn schlafen? Unter freiem Himmel? In einem Stall? Das entspricht auch nicht der Würde eines römischen Beamten.

Der Zöllner: Darf ich mir erlauben, darauf zu bestehen?

Lelius: Genau, mein Freund. Besteht darauf. Schließlich werde ich vielleicht Eurem inständigen Bitten nachgeben. Wenn ich Euch recht verstehe, wollt Ihr sagen, daß Euer Haus das einzige im Dorf ist, das auf die Ehre hoffen darf, den Repräsentanten Roms zu empfangen? Nun, äh... Oh, und außerdem bin ich eigentlich gar nicht richtig auf Inspektionsreise... Mein Teuerster, ich werde heute bei Euch schlafen.

Der Zöllner: Wie soll ich Euch danken für die Ehre, die Ihr mir erweist? Ich bin zutiefst gerührt...

Lelius: Ich kann es mir denken, mein Freund, ich kann es

mir denken. Aber posaunt es nicht überall aus: Ihr würdet Euch ebenso schaden wie mir.

Der Zöllner: Ich werde niemandem auch nur ein Sterbenswörtchen sagen.

Lelius: Ausgezeichnet. *Er streckt die Beine aus.* Uff, ich bin erschöpft. Ich habe fünfzehn Dörfer besucht. Sagt, Ihr spracht doch eben von einem gewissen Schnaps...

Der Zöllner: Hier.

Lelius: Ich muß wirklich einen trinken. Da Ihr mir ein Nachtlager anbietet, ist es angemessen, daß Ihr mir auch Essen und Trinken gebt. Hervorragender Schnaps. Es könnte ein römischer sein.

Der Zöllner: Danke, Herr Oberstatthalter.

Lelius: Uff... Mein Teuerster, diese Zählung ist eine unmögliche Geschichte, und ich weiß nicht, welcher alexandrinische Höfling den göttlichen Cäsar auf die Idee bringen konnte. Es geht einfach darum, alle Menschen auf der Welt zu erfassen. Wohlgemerkt, die Idee ist grandios. Aber nun findet Euch mal in Palästina zurecht: die meisten Eurer Glaubensgenossen wissen nicht einmal das Datum ihrer Geburt. Sie sind im Jahr des großen Hochwassers, im Jahr der großen Ernte, im Jahr des großen Sturms geboren... Echte Wilde. Ich will Euch natürlich nicht kränken. Ihr seid zwar Israelit, aber ein gebildeter Mensch.

Der Zöllner: Ich hatte das große Glück, in Rom zu studieren.

Lelius: Natürlich. Das sieht man an Euren Manieren. Seht, ihr seid Orientalen, begreift Ihr den Unterschied? Ihr werdet nie Rationalisten sein, ihr seid ein Volk von Zauberern. Unter diesem Gesichtspunkt haben euch eure Propheten großen Schaden zugefügt, sie haben euch an die faule Lösung gewöhnt: den Messias. Der alles wieder einrenken wird, der die römische Herrschaft mit einem Schnipser umwerfen und eure Herrschaft über die Welt errichten wird. Und ihr habt einen Verschleiß an Messiassen... Jede Woche taucht ein neuer auf, und ihr habt ihn nach acht Tagen satt, wie wir in Rom die Music-hall-Sänger oder die Gladiatoren. Der letzte, den man zu mir gebracht hat, war ein Albino und dreiviertel idiotisch, aber er konnte nachts sehen wie alle seiner Art: die Leute von Hebron staunten nicht schlecht. Soll ich Euch etwas sagen: das jüdische Volk ist nicht erwachsen.

DER ZÖLLNER: In der Tat, Herr Oberstatthalter, es wäre wünschenswert, daß viele unserer Studenten nach Rom gehen könnten.

LELIUS: Ja. Das gäbe Beamte. Bedenkt, daß die Regierung von Rom, sofern sie vorher konsultiert würde, die Wahl eines passenden Messias nicht ungern sähe, zum Beispiel jemand, der aus einer alten jüdischen Familie stammte, bei uns studiert hätte und für sein Ansehen garantieren könnte. Es wäre sogar möglich, daß wir das Unternehmen finanzierten – ganz unter uns, nicht wahr? –, denn wir haben die Herodesse allmählich satt, und außerdem möchten wir, daß das jüdische Volk im eigenen Interesse endlich einmal etwas zur Vernunft kommt. Ein echter Messias, ein Mann, der ein realistisches Verständnis der Lage Judas bewiese, würde uns helfen. Hm... Brr... brr... wie kalt es bei Euch ist. Sagt, habt Ihr den Dorfvorsteher gerufen?

DER ZÖLLNER: Ja, Herr Oberstatthalter. Er wird gleich hier sein.

LELIUS: Er muß diese Zählungsgeschichte in die Hand nehmen; er sollte mir die Listen gleich morgen abend bringen können.

DER ZÖLLNER: Wie Ihr befehlt.

LELIUS: Wieviel seid ihr?

DER ZÖLLNER: Ungefähr achthundert.

LELIUS: Ist das Dorf reich?

DER ZÖLLNER: O weh...

LELIUS: So! So!

DER ZÖLLNER: Man fragt sich, wie die Leute leben können.

Es gibt ein paar magere Weiden; außerdem muß man zehn bis fünfzehn Kilometer gehen, um hinzukommen. Das ist alles. Das Dorf entvölkert sich langsam. Jedes Jahr ziehen fünf oder sechs unserer jungen Leute nach Bethlehem hinunter. Der Anteil der Alten überwiegt schon den der Jungen. Zumal die Geburtenrate niedrig ist.

Lelius: Was wollt Ihr? Die in die Stadt gehen, kann man nicht tadeln. Unsere Kolonisten haben wunderbare Fabriken in Bethlehem errichtet. Vielleicht wird euch von dort die Aufklärung kommen. Eine technische Zivilisation, Ihr versteht, was ich sagen will. He? Sagt, ich bin nicht nur zum Zählen gekommen. Was nehmt Ihr hier ein an Steuern?

Der Zöllner: Nun, es gibt zweihundert Arme, die nichts einbringen, und die anderen zahlen ihre zehn Drachmen. Rechnet durchschnittlich fünftausendfünfhundert Drachmen im Jahr. Ein Elend.

Lelius: Ja. Hm... Nun, man muß von jetzt an versuchen, ihnen achttausend abzuzapfen. Der Prokurator erhöht die Kopfsteuer auf fünfzehn Drachmen.

Der Zöllner: Fünfzehn Drachmen... Das ist... Das ist unmöglich.

Lelius: Ach, das ist ein Wort, das Ihr nicht oft gehört haben werdet, als Ihr in Rom wart. Also sie haben sicher mehr Geld, als sie sagen wollen. Und dann... hm, Ihr wißt, daß die Regierung ihre Nase nicht in die Angelegenheiten der Zöllner stecken will, aber jedenfalls glaube ich, daß Ihr dabei keinen Verlust habt. Nicht wahr?

Der Zöllner: Ich sage nicht... Ich sage nicht... Ihr habt doch sechzehn Drachmen gesagt...?

Lelius: Fünfzehn.

Der Zöllner: Ja, aber die sechzehnte ist für meine Unkosten.

Lelius: Hm... Soso... *Er lacht.* Dieser Vorsteher... Was für ein Mann ist das?... Er heißt Bariona, nicht wahr?

Der Zöllner: Ja, Bariona.

Lelius: Das ist delikat. Sehr delikat. Man hat in Bethlehem einen großen Fehler gemacht. Sein Schwager wohnte in der Stadt, und es hat irgendeine undurchsichtige Diebstahlgeschichte gegeben, und dann hat ihn das jüdische Gericht schließlich zum Tode verurteilt.
Der Zöllner: Ich weiß. Er ist gekreuzigt worden. Die Nachricht hat uns vor ungefähr einem Monat erreicht.
Lelius: Ja. Hm... Und wie hat der Vorsteher die Sache aufgenommen?
Der Zöllner: Er hat nichts gesagt.
Lelius: Ja. Schlecht. Sehr schlecht... Oh, das ist ein schwerer Fehler. Ja. Also, was ist das für einer, dieser Bariona?
Der Zöllner: Nicht sehr umgänglich.
Lelius: So eine Art kleiner Feudalherr. Ich ahnte es. Diese Bergbewohner sind rauh wie ihre Felsen. Bekommt er Geld von uns?
Der Zöllner: Er will nichts annehmen von Rom.
Lelius: Schade. Soso, das riecht nicht gut. Er mag uns nicht, kann ich mir denken?
Der Zöllner: Man weiß es nicht. Er sagt nichts.
Lelius: Verheiratet? Kinder?
Der Zöllner: Er möchte welche, sagt man, aber er hat keine. Das ist sein größter Kummer.
Lelius: Das klingt nicht gut, das klingt überhaupt nicht gut. Es muß doch einen schwachen Punkt geben... Frauen? Orden? Nein? Na, wir werden ja sehen.
Der Zöllner: Da ist er...
Lelius: Das wird hart.
Bariona tritt auf.
Der Zöllner: Guten Tag, gnädiger Herr.
Bariona: Raus, Hund: du verpestest die Luft, die du atmest, ich möchte nicht im gleichen Zimmer bleiben wie du. *Der Zöllner geht.* Meine Hochachtung, Herr Oberstatthalter.

Zweite Szene

Lelius, Bariona

Lelius: Ich grüße Euch, großer Vorsteher, und bringe Euch den Gruß des Prokurators.

Bariona: Ich weiß diese Huldigung um so mehr zu schätzen, als ich ihrer ganz und gar unwürdig bin. Ich bin jetzt ein entehrter Mann, das Oberhaupt einer anrüchigen Familie.

Lelius: Ihr meint diese bedauerliche Affäre? Der Prokurator hat mir extra aufgetragen, Euch zu sagen, wie leid ihm die Strenge des jüdischen Tribunals täte.

Bariona: Ich bitte Euch, dem Prokurator zu sagen, daß ich ihm für seine freundliche Anteilnahme danke. Sie erfrischt und überrascht mich wie ein wohltuender Regenguß mitten im heißen Sommer. Da ich die Allmacht des Prokurators kannte und sah, daß er die Juden ein solches Urteil fällen ließ, glaubte ich, er stimmte ihnen zu.

Lelius: Nun, da habt Ihr Euch getäuscht. Da habt Ihr Euch ganz und gar getäuscht. Wir haben versucht, das jüdische Tribunal zu erweichen, aber was konnten wir tun? Es war unerschütterlich, und wir haben seinen unangebrachten Eifer bedauert. Macht es wie wir, Vorsteher: verhärtet Euer Herz und opfert Euren Groll den Interessen Palästinas. Sagt Euch, daß es kein dringenderes Interesse hat, als seine Bräuche und seine lokale Verwaltung zu erhalten, selbst wenn für einige daraus Unannehmlichkeiten entstehen.

Bariona: Ich bin nur ein Dorfvorsteher, und Ihr werdet entschuldigen, wenn ich von dieser Politik nichts verstehe. Meine Überlegung ist gewiß schlichter: Ich sage mir, ich habe Rom loyal gedient, und Rom vermag alles. Ich scheine ihm also nicht mehr zu gefallen, wenn es mir von meinen Feinden in der Stadt diesen Schimpf antun läßt. Einen Augenblick habe ich geglaubt, seinen Wünschen entgegenzukommen, wenn ich auf alle meine Machtbefugnisse verzichte. Aber die Einwohner dieses Dorfes, die mir ihr Vertrauen bewahrt haben, baten mich, an ihrer Spitze zu bleiben.

Lelius: Und Ihr habt eingewilligt? So ist es recht. Ihr habt verstanden, daß für einen Vorsteher die öffentlichen Angelegenheiten gegenüber seinem persönlichen Groll vorgehen müssen.

Bariona: Ich hege keinen Groll gegen Rom.

Lelius: Ausgezeichnet. Ausgezeichnet. Hm... Die Interessen Eures Vaterlands, Vorsteher, sind, daß seine Schritte von der festen und wohlwollenden Hand Roms sanft in die Unabhängigkeit geführt werden. Soll ich Euch gleich Gelegenheit geben, dem Prokurator zu beweisen, daß Eure Freundschaft für Rom immer noch genauso lebhaft ist?

Bariona: Ich höre.

Lelius: Rom ist wider Willen in einen langen und schwierigen Krieg verwickelt. Mehr noch als eine regelrechte Hilfe würde es einen außerordentlichen Beitrag Judäas zu seinen Kriegsausgaben als Solidaritätsbeweis anerkennen.

Bariona: Ihr wollt die Steuern erhöhen?

Lelius: Rom sieht sich dazu gezwungen.

Bariona: Die Kopfsteuer?

Lelius: Ja.

Bariona: Wir können nicht noch mehr zahlen.

Lelius: Man verlangt nur eine ganz kleine Anstrengung. Der Prokurator hat die Kopfsteuer auf sechzehn Drachmen erhöht.

Bariona: Sechzehn Drachmen: seht doch selbst. Diese alten Erdhaufen, rot, rissig, schrundig, aufgesprungen wie unsere Hände, das sind unsere Häuser. Sie zerfallen zu Staub; sie sind hundert Jahre alt. Seht die Frau, die da vorbeigeht, gebeugt unter dem Gewicht eines Bündels, diesen dort, der eine Axt trägt: das sind Alte. Alles Alte.

Das Dorf liegt im Sterben. Habt Ihr einen Kinderschrei gehört, seit Ihr hier seid? Kinder sind vielleicht noch zwanzig übrig. Bald werden auch sie gehen. Was könnte sie zurückhalten: um den jämmerlichen Pflug kaufen zu können, den das ganze Dorf benützt, haben wir uns bis zum Hals verschuldet; die Steuern erdrücken uns, unsere Hirten müssen zehn Meilen zurücklegen, um unsere Schafe auf magere Weiden zu führen. Das Dorf blutet aus. Seit Eure römischen Kolonisten in Bethlehem mechanische Sägewerke errichtet haben, schießt und sprudelt unser jüngeres Blut wie eine heiße Quelle von Fels zu Fels bis ins Flachland, das es benetzt. Unsere jungen Leute sind da unten in der Stadt. In der Stadt, wo man sie versklavt, wo man ihnen einen Hungerlohn zahlt, in der Stadt, die sie alle töten wird, wie sie Simon, meinen Schwager, getötet hat. Dieses Dorf liegt im Sterben, Herr Oberstatthalter, es stinkt schon. Und Ihr wollte dieses Aas auspressen, Ihr wollt noch Gold von uns fordern für Eure Städte, für die Ebene. Laßt uns doch ruhig sterben. In hundert Jahren wird keine Spur mehr von unserem Flecken übrig sein, weder auf diesem Boden noch im Gedächtnis der Menschen.

Lelius: Nun, großer Vorsteher, ich für meinen Teil bin sehr empfänglich für das, was Ihr mir habt sagen wollen, und ich verstehe Eure Gründe; aber was kann ich tun? Der Mensch ist von Herzen auf Eurer Seite, aber der römische Beamte hat Befehle empfangen und muß sie ausführen.

Bariona: Ja. Und wenn wir uns weigern, diese Steuer zu zahlen...?

Lelius: Das wäre eine große Unvorsichtigkeit. Der Prokurator könnte Böswilligkeit nicht zulassen. Ich glaube Euch sagen zu können, daß er sehr streng sein wird. Man wird euch eure Schafe wegnehmen.

Bariona: Soldaten werden in unser Dorf kommen wie letztes Jahr in Hebron? Sie werden unsere Frauen vergewaltigen und unsere Tiere mitnehmen?

Lelius: Es liegt an Euch, das zu vermeiden.

Bariona: Gut. Ich werde den Ältestenrat versammeln, um ihm Eure Wünsche mitzuteilen. Verlaßt Euch auf eine prompte Erledigung. Ich möchte, daß der Prokurator sich lange an unsere Fügsamkeit erinnert.

Lelius: Dessen könnt Ihr gewiß sein. Der Prokurator wird Eure gegenwärtigen Schwierigkeiten, die ich ihm getreu schildern werde, berücksichtigen. Seid sicher, daß wir nicht untätig bleiben werden, wenn wir Euch helfen können. Ich grüße Euch, großer Vorsteher.

Bariona: Meine Hochachtung, Herr Oberstatthalter. *Er geht ab.*

Lelius *allein*: Dieser plötzliche Gehorsam ist mir nicht geheuer; dieser Dunkelhäutige mit seinen feurigen Augen führt etwas Schlimmes im Schilde. Levy! Levy! *Der Zöllner kommt.* Gebt mir noch etwas von Eurem Schnaps, mein Freund, denn ich muß mich auf größeren Ärger gefaßt machen.

Vorhang

Der Bänkelsänger: Und er hat recht, dieser römische Beamte. Er hat recht, mißtrauisch zu sein, denn als Bariona vom Zöllner kam, hat er die Trompete blasen lassen, um die Ältesten zum Rat zu rufen.

Der Vorhang geht auf

ZWEITES BILD
Vor den Stadtmauern

Erste Szene

Der Chor der Ältesten

Trompetentöne hinter den Kulissen, die Ältesten treten nach und nach auf.

Chor der Ältesten:

Tutti
> Seht: die Trompete ist erschallt,
> Wir haben unsere Festgewänder angelegt
> Und die bronzenen Tore durchschritten
> Und halten Sitzung vor der Mauer aus roter Erde
> Wie einst.

Tenöre
> Unser Dorf stirbt, und über unseren Häusern
> Aus trockener Erde
> Zieht der Rabe seine schwarzen Kreise.
> Wozu einen Rat abhalten,
> Wenn unser Herz zu Asche geworden ist
> Und wir in unserem Kopf
> Gedanken der Ohnmacht wälzen?

Erster Ältester: Was will man von uns? Warum sollen wir uns versammeln? Einst, in meiner Jugendzeit, hatten die Entscheidungen des Rats Folgen, und ich bin auch vor dem kühnsten Entschluß nie zurückgeschreckt. Aber wozu heute?

Chor:
Wozu holt man uns aus den Löchern,
In denen wir uns vergraben, um zu sterben

Wie kranke Tiere.
Von der Höhe dieser Mauern
Haben unsere Väter einst den Feind zurückgeschlagen,
Aber jetzt sind sie rissig; sie verfallen.
Wir sehen uns nicht gern ins Gesicht,
Denn unsere Falten erinnern uns an eine
   verschwundene Zeit.

ZWEITER ÄLTESTER: Man sagt, ein Römer sei im Dorf eingetroffen und bei Levy, dem Zöllner, abgestiegen.
DRITTER ÄLTESTER: Was will er von uns? Kann man einen toten Esel auspressen? Wir haben kein Geld mehr, und wir wären schlechte Sklaven. Man soll uns doch in Frieden krepieren lassen!

CHOR:
Seht Bariona, unseren Vorsteher.
Er ist noch jung, doch
Sein Herz ist welker als unseres,
Er kommt, seine Stirn
Scheint ihn zu Boden zu ziehen,
Er geht langsam,
Und seine Seele ist voller Ruß.

Bariona tritt langsam ein, sie stehen auf.

ZWEITE SZENE

BARIONA: O meine Gefährten!
DER CHOR: Bariona! Bariona!
BARIONA: Ein Römer ist aus der Stadt gekommen und bringt die Befehle des Prokurators. Rom führt offenbar Krieg. Wir sollen von jetzt an eine Kopfsteuer von sechzehn Drachmen zahlen.
DER CHOR: O weh!

Erster Ältester: Bariona, wir können nicht, wir können diese Steuer nicht zahlen. Unsere Arme sind zu schwach, unsere Tiere gehen ein, ein Fluch liegt auf unserem Dorf. Wir dürfen Rom nicht gehorchen.
Zweiter Ältester: Gut. Dann werden die Soldaten kommen und dir deine Schafe wegnehmen wie in Hebron letzten Winter; sie werden dich am Bart durch die Straßen schleifen, und das Tribunal von Bethlehem wird dir auf die Fußsohlen schlagen lassen.
Erster Ältester: Dann bist du also dafür, daß man zahlt? Du bist von den Römern gekauft.
Zweiter Ältester: Ich bin nicht gekauft, aber ich bin nicht so dumm wie du und sehe die Dinge richtig: Wenn der Feind der Stärkere ist, weiß ich, muß man sich beugen.
Erster Ältester: Hört mir zu, Freunde! Sind wir so tief gefallen? Bisher haben wir uns der Gewalt gebeugt, aber jetzt ist es genug: was wir nicht können, werden wir nicht tun. Wir werden uns diesen Römer bei Levy holen und ihn an den Zinnen der Mauer aufhängen.
Zweiter Ältester: Du willst revoltieren, der du nicht einmal mehr die Kraft eines Kindes hast. Dein Schwert würde dir beim ersten Schlag aus der senilen Hand fallen, und wir würden alle umgebracht werden.
Erster Ältester: Habe ich gesagt, ich werde selbst in den Krieg ziehen? Immerhin gibt es unter uns auch noch welche, die keine fünfunddreißig sind.
Zweiter Ältester: Und du predigst ihnen den Aufstand? Sie sollen sich schlagen, damit du dein Geld behalten kannst?
Dritter Ältester: Ruhe! Hört Bariona!
Der Chor: Bariona, Bariona, Bariona! Hört Bariona!
Bariona: Wir werden diese Steuer zahlen.
Der Chor: O weh!
Bariona: Wir werden diese Steuer zahlen. *Pause.* Aber nach uns wird keiner mehr Steuern zahlen in diesem Dorf!
Erster Ältester: Wie soll das zugehen?

BARIONA: Weil niemand mehr da sein wird, um Steuern zu zahlen. O meine Gefährten, seht doch unseren Zustand: Eure Söhne haben euch verlassen, um in die Stadt hinunterzugehen, und ihr wolltet bleiben, weil ihr stolz seid. Und Markus, Simon, Balaam und Jerevah bleiben bei uns, obwohl sie noch jung sind, denn sie sind auch stolz. Und ich, der ich euer Vorsteher bin, habe es gemacht wie sie, so wie es mir meine Vorfahren befahlen. Doch seht: Das Dorf ist wie ein leeres Theater, wenn der Vorhang gefallen ist und die Schauspieler gegangen sind. Die großen Schatten der Berge haben sich darüber gebreitet. Ich habe euch versammelt; wir sind alle da und sitzen in der untergehenden Sonne. Doch jeder von uns ist allein, im Dunkel, und die Stille ist um uns wie eine Mauer. Eine sehr erstaunliche Stille: Der geringste Kinderschrei würde genügen, sie zu zerreißen, aber wir können lange unsere Kräfte vereinen und alle zusammen schreien, unsere alten Stimmen würden an ihr zerbrechen. Wir sind an unseren Felsen gekettet wie alte stinkige Adler. Diejenigen unter uns, die noch einen jugendlichen Körper haben, sind darunter gealtert, und ihr Herz ist hart wie Stein, denn sie haben seit ihrer Kindheit nichts mehr zu erhoffen. Sie haben nichts mehr zu erhoffen außer dem Tod. Aber das war schon so zur Zeit unserer Väter: das Dorf liegt im Sterben, seit die Römer nach Palästina gekommen sind, und wer unter uns Kinder zeugt, ist schuldig, denn er verlängert diese Agonie. Hört: Letzten Monat, als man mir den Tod meines Schwagers mitteilte, bin ich auf den Berg Saron gestiegen; von oben habe ich unser sonnenversengtes Dorf gesehen und im Herzen überlegt. Ich habe gedacht: Ich bin nie von meinem Horst heruntergekommen, und doch kenne ich die Welt, denn wo auch ein Mensch ist, drängt sich die ganze Welt um ihn zusammen. Mein Arm ist noch kräftig, aber ich bin weise wie ein Greis. Jetzt ist es Zeit, meine Weisheit zu befragen. Die Adler schwebten über meinem Kopf am kalten Himmel, ich sah auf unser Dorf, und meine Weisheit sagte mir: Die Welt ist nur ein unendlicher, weicher Sturz. Die Welt ist nur ein Erdklumpen, der nicht aufhört zu fallen. Leute und Dinge erscheinen plötzlich an einem Punkt des Falls, und kaum erschienen, werden sie von diesem Weltensturz erfaßt; sie fangen an zu fallen, zersetzen sich und lösen sich auf. O Gefährten, meine Weisheit hat mir gesagt: Das Leben ist eine Niederlage, niemand ist siegreich, alle werden besiegt; alles ist immer schlecht gegangen, und der größte Wahnsinn auf Erden ist die Hoffnung.

DER CHOR: Der größte Wahnsinn auf Erden ist die Hoffnung!

BARIONA: Aber, meine Gefährten, wir dürfen uns nicht mit dem Sturz abfinden, denn Resignation ist eines Menschen unwürdig. Deshalb sage ich euch: Wir müssen unsere Seelen zur Hoffnungslosigkeit bestimmen. Als ich vom Berg Saron hinabstieg, hatte sich mein Herz wie eine Faust um mein Leid geschlossen und umklammerte es fest und hart, wie ein Blinder mit der Hand seinen Stock umklammert. Meine Gefährten, schließt eure Herzen um euer Leid, umklammert es fest, umklammert es hart, denn die Würde des Menschen liegt in der Hoffnungslosigkeit. Das ist meine Entscheidung: Wir werden keineswegs revoltieren – einen räudigen alten Hund, der revoltiert, befördert man mit einem Fußtritt in seine Ecke. Wir werden die Steuer zahlen, damit unsere Frauen nicht leiden. Aber das Dorf wird sich mit eigenen Händen begraben. Wir werden keine Kinder mehr machen. Ich habe gesprochen.

ERSTER ÄLTESTER: Was! Keine Kinder mehr!

BARIONA: Keine Kinder mehr. Wir werden keinen Verkehr mehr haben mit unseren Frauen. Wir wollen das Leben nicht mehr fortpflanzen und die Leiden unserer Rasse nicht verlängern. Wir werden keine Kinder mehr zeugen, wir werden unser Leben vollenden in der Betrach-

tung des Bösen, der Ungerechtigkeit und des Leidens.
Und in einem Vierteljahrhundert werden dann die letzten von uns tot sein. Vielleicht werde ich als letzter scheiden. Dann, wenn ich spüre, daß meine Stunde kommt,
werde ich meine Festgewänder anziehen und mich auf
den großen Platz legen mit dem Gesicht zum Himmel.
Die Krähen werden mein Aas abnagen, und der Wind
wird meine Knochen zerstreuen. Dann wird das Dorf
wieder zu Erde werden. Der Wind wird die Türen der
leeren Häuser schlagen, unsere Erdmauern werden absacken wie der Frühjahrsschnee an den Berghängen,
nichts wird von uns bleiben auf der Erde oder im Gedächtnis der Menschen.

CHOR:
> Ist es möglich, daß wir den Rest unserer Tage
> verbringen,
> Ohne das Lächeln eines Kindes zu sehen?
> Die eherne Stille verdichtet sich um uns.
> Ach, für wen arbeite ich denn dann?
> Können wir denn leben ohne Kinder?

BARIONA: Was? Ihr jammert? Würdet ihr es also noch wagen, mit eurem verfaulten Blut junges Leben zu schaffen? Wollt ihr die endlose Agonie der Welt durch neue
Menschen auffrischen? Welches Schicksal wünscht ihr
für eure zukünftigen Kinder? Daß sie hierbleiben, einsam und kahl, die Augen starr wie Geier im Käfig? Oder
daß sie da hinuntergehen in die Städte, um Sklaven der
Römer zu werden, für Hungerlöhne zu arbeiten und
schließlich vielleicht am Kreuz zu sterben? Ihr werdet
gehorchen. Und ich möchte, daß unser Beispiel überall
in Juda bekanntgemacht wird und daß es am Anfang
einer neuen Religion steht, der Religion des Nichts, und
daß die Römer die Herren bleiben in unseren ausgestorbenen Städten und unser Blut über sie komme. Wieder-

holt nach mir den Eid, den ich ablegen werde: Vor dem
Gott der Rache und des Zorns, vor Jehova schwöre ich,
kein Kind zu zeugen. Und wenn ich meinen Eid breche,
soll mein Kind blind sein, am Aussatz leiden, für die anderen ein Gegenstand des Spotts und für mich ein Gegenstand der Scham und des Schmerzes sein. Wiederholt, Juden, wiederholt:

DER CHOR: Vor dem Gott der Rache und des Zorns...
BARIONAS FRAU: Hört auf!

DRITTE SZENE

Chor der Ältesten, Bariona, Sarah

BARIONA: Was willst du, Sarah?
SARAH: Hört auf!
BARIONA: Was ist los? Sprich!
SARAH: Ich... wollte dir sagen... O Bariona, du hast mich verflucht: du hast meinen Leib verflucht und die Frucht meines Leibes.
BARIONA: Du willst doch nicht sagen...?
SARAH: Doch. Ich bin schwanger, Bariona. Ich wollte es dir mitteilen, ich bin schwanger von dir.
BARIONA: O weh!
DER CHOR: O weh!
SARAH: Du bist in mich eingedrungen und hast mich befruchtet, und ich habe mich dir geöffnet, und wir haben zusammen zu Jehova gebetet, daß er uns einen Sohn schenken möge. Und heute, da ich ihn in mir trage und unsre Vereinigung endlich gesegnet ist, stößt du mich zurück und weihst unser Kind dem Tod. Bariona, du hast mich belogen. Du hast mich verletzt und bluten gemacht, und ich habe gelitten auf deinem Lager und alles ertragen, weil ich glaubte, du wolltest einen Sohn. Aber jetzt sehe ich, daß du mich belogst und nur dein Vergnügen

suchtest. Und alle Freuden, die mein Körper dir geschenkt hat, alle Zärtlichkeiten, die ich gegeben und empfangen habe, alle unsere Küsse, alle unsere Umarmungen verfluche nun ich.

BARIONA: Sarah! Das ist nicht wahr, ich habe dich nicht belogen. Ich wollte einen Sohn. Aber heute habe ich alle Hoffnung und allen Glauben verloren. Dieses Kind, das ich so sehr gewünscht habe und das du in dir trägst: s e i n e t w e g e n will ich nicht, daß es geboren wird. Geh zum Zauberer, er wird dir Kräuter geben, und du wirst wieder unfruchtbar.

SARAH: Bariona, ich bitte dich.

BARIONA: Sarah, ich bin Dorfoberster und Herr über Leben und Tod. Ich habe entschieden, daß meine Familie mit mir erlischt. Geh. Und bereue nichts; es hätte gelitten und dich verflucht.

SARAH: Wenn ich sicher wäre, daß es mich verrät, daß es am Kreuz stirbt wie die Diebe und mich verflucht, würde ich es dennoch zur Welt bringen.

BARIONA: Aber warum? Warum?

SARAH: Ich weiß nicht. Ich ertrage für es alle Leiden, die es erdulden wird, und weiß doch, daß ich sie alle an meinem Leib spüren werde. Kein Dorn auf seinem Weg wird sich in seinen Fuß bohren, ohne sich auch in mein Herz zu bohren. Ich werde an seinen Schmerzen in Strömen bluten.

BARIONA: Glaubst du, du wirst sie durch deine Tränen lindern? Niemand kann seine Leiden für es erdulden; im Leiden, im Sterben ist man immer allein. Auch wenn du zu Füßen seines Kreuzes wärst, wäre es allein mit seiner Todesangst. Zu deinem Vergnügen willst du es zur Welt bringen, nicht zu seinem. Du liebst es nicht genug.

SARAH: Ich liebe es bereits, wie es auch sein mag. Dich habe ich unter allen gewählt, ich bin zu dir gekommen, weil du der Schönste und der Stärkste warst. Aber das Kind, das ich erwarte, das habe ich nicht gewählt, und ich erwarte es. Ich liebe es im voraus, auch wenn es häßlich ist, auch wenn es blind ist, auch wenn euer Fluch es mit Aussatz bedecken sollte, ich liebe es im voraus, dieses Kind ohne Namen und ohne Gesicht, mein Kind.

BARIONA: Wenn du es liebst, hab Mitleid mit ihm. Laß es den ruhigen Schlaf derer schlafen, die noch nicht geboren sind. Willst du ihm denn das versklavte Juda als Vaterland geben? Diesen eisigen und windigen Felsen als Bleibe? Diese rissige Erde als Dach? Diese verbitterten Greise als Gefährten? Und unsere entehrte Familie als Familie?

SARAH: Ich möchte ihm auch die Sonne und die frische Luft und die violetten Schatten der Berge und das Lachen der Mädchen geben. Ich bitte dich, laß ein Kind geboren werden, laß noch einmal eine Chance in der Welt zu.

BARIONA: Schweig. Das ist eine Falle. Man glaubt immer, es gäbe eine Chance. Jedesmal wenn man ein Kind zur Welt bringt, glaubt man, es hätte seine Chance, und das ist nicht wahr. Das Spiel ist vorher schon aus. Das Elend, die Verzweiflung, der Tod erwarten es an der Kreuzung.

SARAH: Bariona, ich stehe vor dir wie eine Sklavin vor ihrem Herrn, und ich schulde dir Gehorsam. Doch ich weiß, daß du dich irrst und daß du Unrecht tust. Ich verstehe mich nicht auf die Redekunst und werde weder die Worte noch die Gründe finden, die dich ins Wanken bringen könnten. Aber ich habe Angst vor dir: du blendest in deinem Stolz und deiner Böswilligkeit wie ein empörter Engel, wie der Engel der Verzweiflung, aber mein Herz ist nicht bei dir.

Lelius kommt.

Vierte Szene

Dieselben, Lelius

Lelius: Gnädige Frau, meine Herren!
Der Chor: Der Römer...
Alle erheben sich.
Lelius: Ich kam vorbei, meine Herren, und bin in Eure Verhandlung geplatzt. Hm! Erlaubt mir, Vorsteher, die Argumente Eurer Gattin zu unterstützen und Euch den römischen Standpunkt darzulegen. Die gnädige Frau, wenn Ihr mir glauben wollt, beweist einen ausgezeichneten Sinn für die staatsbürgerlichen Realitäten, und das müßte Euch beschämen, Vorsteher. Sie hat verstanden, daß Ihr in dieser Sache nicht allein betroffen seid und daß man zuerst das Interesse der Gesellschaft berücksichtigen muß. Rom, der wohlwollende Vormund Judas, ist in einen Krieg verwickelt, der sehr lang zu werden verspricht, und zweifellos wird der Tag kommen, an dem es die Eingeborenen, die es beschützt, Araber, Schwarze, Israeliten, zur Mithilfe aufrufen wird. Was geschähe, wenn es dann nur noch Greise vorfände, die seinem Aufruf folgen könnten? Wollt Ihr, daß das gute Recht unterliege aus Mangel an Händen, die es verteidigen könnten? Es wäre skandalös, wenn die siegreichen Kriege Roms aufhören müßten mangels Soldaten. Aber sollten wir jahrhundertelang in Frieden leben, so vergeßt nicht, daß es dann die Industrie wäre, die Eure Kinder fordert. In fünfzig Jahren sind die Löhne sehr gestiegen, was beweist, daß es nicht genug Arbeitskräfte gibt. Ich füge hinzu, daß dieser Zwang, die Löhne so hoch zu halten, eine schwere Belastung für das römische Patronat ist. Wenn die Juden viele Kinder machen und das Arbeitsangebot schließlich die Nachfrage übersteigt, können die Löhne beträchtlich gesenkt werden, und wir gewinnen Kapital, das anderswo nützlicher sein könnte. Macht uns Arbeiter und Solda-

ten, Vorsteher, das ist Eure Pflicht. Das ist es, was die gnädige Frau unbestimmt fühlte, und ich bin sehr glücklich, daß ich ihr meine bescheidene Hilfe anbieten konnte, um ihr Gefühl zu erklären.

Sarah: Bariona, ich erkenne mich darin nicht wieder. Das ist überhaupt nicht das, was ich sagen wollte.

Bariona: Ich weiß. Doch sieh, wer deine Verbündeten sind, und beuge dein Haupt. Frau, dieses Kind, das du gebären willst, ist wie eine neue Ausgabe der Welt. Durch es werden die Wolken und das Wasser und die Sonne und die Häuser und das Leid der Menschen einmal mehr existieren. Du wirst die Welt wiedererschaffen, sie wird sich wie eine dicke, schwarze Kruste um ein kleines entsetztes Bewußtsein herum bilden, das dort wohnen wird, gefangen mitten in der Kruste, wie ein Wurm. Verstehst du, was für eine maßlose Ungehörigkeit, was für eine ungeheure Taktlosigkeit es wäre, von der mißratenen Welt neue Exemplare zu machen? Ein Kind machen heißt die Schöpfung aus tiefstem Herzen gutheißen, dem Gott, der uns quält, sagen: «Herr, alles ist gut, und ich danke dir, daß du die Welt gemacht hast.» Willst du wirklich diese Hymne singen? Kannst du es verantworten zu sagen: Wenn man diese Welt noch einmal machen müßte, würde ich sie genauso machen, wie sie ist? Laß ab, meine süße Sarah, laß ab. Die Existenz ist ein furchtbarer Aussatz, der uns alle zerfrißt, und unsere Eltern haben sich schuldig gemacht. Bewahre dir deine reinen Hände, Sarah, du sollst am Tag deines Todes sagen können: Ich hinterlasse niemanden, der das menschliche Leiden fortsetzt. Also schwört...

Lelius: Ich werde das zu verhindern wissen.

Bariona: Und wie werdet Ihr das anfangen, Herr Oberstatthalter? Werdet Ihr uns ins Gefängnis werfen? Das wäre das sicherste Mittel, Mann und Frau zu trennen und sie unfruchtbar sterben zu lassen, jeden für sich.

Lelius, *schrecklich*: Ich werde... *Beherrscht*: Hm! Ich werde es dem Prokurator berichten.

Bariona: Vor dem Gott der Rache und des Zorns schwöre ich, kein Kind zu zeugen.

Der Chor: Vor dem Gott der Rache und des Zorns schwöre ich, kein Kind zu zeugen.

Bariona: Und wenn ich meinen Eid breche, soll mein Kind blind sein.

Der Chor: Und wenn ich meinen Eid breche, soll mein Kind blind sein.

Bariona: Es soll für die anderen ein Gegenstand des Spotts und für mich ein Gegenstand der Scham und des Schmerzes sein.

Der Chor: Es soll für die anderen ein Gegenstand des Spotts und für mich ein Gegenstand der Scham und des Schmerzes sein.

Bariona: Nun sind wir gebunden. Geht und seid eurem Eid treu!

Sarah: Und wenn es dennoch Gottes Wille wäre, daß wir zeugen?

Bariona: Dann soll er seinem Diener ein Zeichen geben. Aber er soll sich beeilen, er soll mir seine Engel vor Tagesanbruch schicken. Denn mein Herz hat das Warten satt, und man trennt sich nicht so leicht von der Verzweiflung, wenn man sie einmal gekostet hat.

Vorhang

Der Bänkelsänger: Da ist er. Da ist Bariona, der den Herrn auffordert, sich zu offenbaren. Oh, das gefällt mir nicht, das gefällt mir überhaupt nicht... Wissen Sie, was man bei uns sagt? Man soll keine schlafenden Hunde wecken. Wenn Gott ruhig bleibt, geht es, wie es mag, aber man bleibt unter Menschen, man arrangiert sich, man verständigt sich, das Leben bleibt alltäglich. Aber wenn Gott anfängt, sich zu rühren, pardauz! Das ist wie ein Erdbeben, und die Menschen fallen auf den Rücken oder auf die Nase, und danach mag sich der Teufel zurechtfinden;

man muß alles von vorn anfangen. Und eben in dieser Geschichte, die ich Ihnen erzähle, wurde Gott gereizt, es muß diesem Mann mißfallen haben, daß Bariona ihn so behandelt. Er hat sich gesagt: «Warte...», und in der Nacht hat er seinen Engel auf die Erde geschickt, einige Meilen von Bethsur entfernt. Ich werde Ihnen den Engel zeigen, sehen Sie gut hin, und weiter mit Musik... Sehen Sie, all diese Männer, die zusammenbrechen, das sind Hirten, die ihre Herden im Gebirge weideten. Und natürlich hat man sorgfältig die Flügel des Engels gemalt, und der Künstler hat getan, was er konnte, um ihn prächtig zu machen. Aber ich werde Ihnen sagen, was ich denke; so ist es nicht gewesen. Ich habe lange an dieses Bild geglaubt, solange ich noch deutlich sehen konnte, weil es mich blendete. Aber seit ich nicht mehr sehen kann, habe ich nachgedacht und meine Meinung geändert. Ein Engel, sehen Sie, dürfte seine Flügel nicht gerne zeigen. Sie haben in Ihrem Leben sicher Engel getroffen. Und vielleicht sind welche unter Ihnen. Nun, haben Sie je ihre Flügel gesehen? Ein Engel ist ein Mensch wie Sie und ich, aber der Herr hat seine Hand über ihn gehalten und ihm gesagt: Siehe, ich brauche dich; diesmal sei ein Engel... Und der Mann geht zu den anderen, ganz entgeistert, wie Lazarus, der Auferstandene, unter die Lebenden, und im Gesicht hat er einen etwas verschwommenen Ausdruck, weder Fisch noch Fleisch, weil er sich gar nicht beruhigen kann, daß er Engel ist. Alle mißtrauen ihm, denn der Engel ist derjenige, durch den es Ärger gibt. Und ich werde Ihnen meinen Gedanken sagen: Wenn man einen Engel trifft, einen echten, dann glaubt man zuerst, es sei ein Teufel. Um auf unsere Geschichte zurückzukommen, ich würde die Dinge eher so sehen: Auf einem Plateau ganz oben im Gebirge sitzen die Hirten um ein Feuer, und einer von ihnen spielt Harmonika.

Der Vorhang geht auf

DRITTES BILD
Im Gebirge, oberhalb von Bethsur

ERSTE SZENE

Simon spielt Harmonika.
DER PASSANT: Guten Abend, Jungens!
SIMON: He! Wer ist da?
DER PASSANT: Petrus, der Schreiner von Hebron. Ich komme von euch zu Hause.
SIMON: Sei gegrüßt, Väterchen, die Nacht ist mild, wie?
DER PASSANT: Viel zu mild. Das gefällt mir nicht! Ich ging im Dunkeln auf dem harten, unfruchtbaren Fels und glaubte, mitten am Nachmittag durch einen sonnenerwärmten Garten voll riesiger Blumen zu gehen, weißt du, wenn sie dir ihren ganzen Duft ins Gesicht strömen. Ich bin froh, daß ich euch gefunden habe, ich fühlte mich mitten in dieser Süße einsamer als mitten in einem Orkan. Und dann bin ich auf den Wegen auf einen Geruch gestoßen, dick wie Nebel.
SIMON: Auf was für einen Geruch?
DER PASSANT: Einen ganz guten. Aber mir drehte sich der Kopf davon, man hätte meinen können, er sei lebendig, wie ein Fischschwarm, wie ein Hühnervolk oder vielmehr wie jene großen Wolken von Blütenstaub, die im Frühjahr über die fruchtbare Erde der Ebenen ziehen und die oft so dicht sind, daß sie die Sonne verbergen. Er ist plötzlich auf mich herniedergefallen, und ich spürte ihn beben um mich her; ich war ganz davon durchdrungen.
SIMON: Ihr habt Glück. Euer Duft ist nicht bis zu uns gekommen, ich rieche nur den natürlichen Geruch meiner Gefährten, der eher an Knoblauch und Ziegenbock erinnert.
DER PASSANT: Nein! Wenn ihr an meiner Stelle gewesen wärt, hättet ihr Angst gehabt wie ich. Es knackte,

summte, raschelte überall, rechts, links, vor mir, hinter mir; man hätte meinen können, Knospen wüchsen an unsichtbaren Bäumen, man hätte meinen können, die Natur habe diese öden und eisigen Hochflächen gewählt, um in einer Winternacht sich selbst das herrliche Fest des Frühlings zu geben.

SIMON: Leck mich im Arsch!

DER PASSANT: Da war Hexerei im Spiel; ich mag nicht, wenn es mitten im Winter nach Frühling riecht; es gibt eine Periode für jede Jahreszeit.

SIMON *beiseite:* Er ist verrückt geworden, der Arme... *Laut:* Dann kommt Ihr also aus Bethsur?

DER PASSANT: Ja. Komische Dinge gehen da unten vor.

SIMON: So? Setzt Euch und erzählt uns das schön ausführlich! Ich sitze gern plaudernd um ein großes Feuer, aber wir sehen nie jemanden, wir Hirten. Diese hier schlafen, und jene beiden dort, die mit mir wachen, sind nicht gesprächig. Die Ruth wieder, ich wette, he? Ihr Mann wird sie mit Chalam überrascht haben? Ich habe immer vorhergesagt, daß das böse enden wird: sie versteckten sich nicht genug.

DER PASSANT: Ihr liegt ganz falsch. Es geht um Bariona, euren Vorsteher. Er hat sich an Gott gewandt und ihm gesagt: Gib mir vor Tagesanbruch ein Zeichen, sonst werde ich meinen Männern verbieten, mit ihren Frauen Verkehr zu haben.

SIMON: Mit ihren Frauen Verkehr zu haben? Leck mich im Arsch, er ist völlig stumpf geworden. Er hat doch die Zärtlichkeiten seiner Frau nicht gerade verachtet, wenn es stimmt, was man sagt. Sie muß ihm Hörner aufgesetzt haben.

DER PASSANT: Nein, nein.

SIMON: Was denn?

DER PASSANT: Das ist eher Politik.

SIMON: So! Wenn das Politik ist... Aber sagt mal, mein Freund, das ist ja eine sehr verdrießliche Politik. Ich wäre nicht geboren, wenn mein Vater so eine Politik gemacht hätte.

DER PASSANT: Genau das will Bariona: verhindern, daß Kinder geboren werden.

SIMON: Ui! Aber wenn ich nicht geboren wäre, würde es mir leid tun. Es geht nicht immer so, wie man möchte, das bestreite ich nicht. Aber es gibt doch Momente, die sind nicht so schlecht, man zupft ein bißchen die Gitarre, trinkt ein Gläschen Wein, und dann sieht man rings um sich auf den anderen Bergen lauter Hirtenfeuer wie dieses hier, die einem zublinzeln. He, ihr, hört ihr? Bariona verbietet seinen Männern, mit ihren Frauen zu schlafen.

KAIPHAS: Nein! Und mit wem sollen sie dann schlafen?

DER PASSANT: Mit niemandem.

PAULUS: Die armen Burschen. Sie werden verrückt werden!

DER PASSANT: Und ihr Hirten? Das betrifft euch auch, denn ihr seid schließlich aus Bethsur.

SIMON: Ach, wir werden nicht besonders in Not sein. Der Winter ist die tote Jahreszeit für die Liebe, aber im Frühling werden uns die Mädchen von Hebron auf dem Berg besuchen. Und außerdem, wenn man eine Zeitlang ausruhen müßte, würde mir nicht allzu viel abgehen: Man hat mich für meinen Geschmack immer zu sehr geliebt.

DER PASSANT: Also dann, Gott schütze euch.

KAIPHAS: Ihr trinkt doch ein Gläschen?

DER PASSANT: Nein, wirklich! Ich bin unruhig. Ich weiß nicht genau, was heute abend in den Bergen los ist, aber ich möchte nach Hause. Wenn die Elemente Feste feiern, ist es nicht gut, unterwegs zu sein. Guten Abend!

KAIPHAS, PAULUS, SIMON: Guten Abend.

KAIPHAS: Was erzählt er?

SIMON: Was weiß ich? Er hat einen Duft gerochen, ein bestimmtes Geräusch gehört... Schnickschnack.

Schweigen.

PAULUS: Er ist doch aber klar im Kopf, der Vater Petrus.

Kaiphas: Ach... Es ist möglich, daß er wirklich etwas gesehen hat. Wer unterwegs ist, hat oft seltsame Begegnungen.
Simon: Was er auch gesehen hat, ich möchte, daß es nicht bis hierher kommt.
Paulus: Hör mal, du, spiel uns was.
Simon spielt Harmonika.
Kaiphas: Und nun?
Simon: Ich habe keine Lust mehr zu spielen.
Pause.
Kaiphas: Ich weiß nicht, was die Schafe wachhält: seit Anbruch der Nacht höre ich dauernd ihre Glöckchen.
Paulus: Und die Hunde sind nervös: sie bellen den Mond an, und es gibt keinen Mond.
Pause.
Kaiphas: Ich kann es nicht fassen: Bariona verbietet den Verkehr zwischen Männern und Frauen. Er muß sich sehr verändert haben, denn früher war er ein berüchtigter Weiberheld, und es muß in den Höfen um Bethsur mehr als eine geben, die sich daran erinnert.
Paulus: Das ist eine schlimme Sache für seine Frau: er ist nämlich ein schöner Mann, der Bariona!
Kaiphas: Und sie erst! Ich hätte sie lieber in meinem Bett als jede andere.
Pause.
Simon: Heda! Es stimmt doch, daß um uns herum ein Geruch ist, der nicht zu uns paßt.
Kaiphas: Ja, es riecht eher stark. Das ist eine komische Nacht. Seht, wie nah die Sterne sind, man könnte meinen, der Himmel stößt an die Erde. Und doch ist es schwarz wie in einem Ofen.
Paulus: Es gibt solche Nächte. Man glaubt, sie würden mit etwas niederkommen, so schwer sind sie, und dann kommt schließlich nur ein bißchen Wind heraus bei Tagesanbruch.
Kaiphas: Du, du siehst da nur Wind. Aber Nächte wie diese

sind reicher an Zeichen als das Meer an Fischen. Vor sieben Jahren, ich werde mich immer daran erinnern, wachte ich auch hier, und es war eine Nacht, daß einem die Haare zu Berge standen; es schrie, es seufzte überall; das Gras lag da, als hätte es der Wind mit seinen Hufen niedergestampft, und doch war gar kein Wind. Nun ja, am nächsten Morgen, als ich heimkam, hat die Alte mir gesagt, daß der Vater gestorben war. *Simon niest.* Was ist los?

SIMON: Dieser Duft kitzelt mich in der Nase. Er wird immer stärker. Man könnte glauben, man sei in einem arabischen Friseurladen. Also glaubt ihr, daß heute nacht etwas passiert?

KAIPHAS: Ja.

SIMON: Das wird ein bedeutendes Ereignis sein, nach der Stärke dieses Dufts zu urteilen. Mindestens der Tod eines Königs. Ich fühle mich überhaupt nicht wohl, ich mag es überhaupt nicht, daß die Toten mir Zeichen geben, und ich finde, die Könige könnten ruhig dahinscheiden, ohne es auf dem Gipfel der Berge verkünden zu lassen. Der Tod von Königen, das sind Geschichten, die die Müßiggänger in der Stadt beschäftigen. Aber wir brauchen das nicht hier.

KAIPHAS: Pst... Sei still.

SIMON: Was ist los?

KAIPHAS: Man könnte meinen, wir sind nicht allein. Ich spüre, daß etwas da ist, aber ich könnte nicht sagen, welcher meiner fünf Sinne es mir sagt. Es ist ganz rund und weich an mir.

SIMON: He, he! Sollen wir die anderen wecken? Bei mir ist etwas Zartes und Warmes, das sich reibt, es ist wie am Sonntag, wenn ich die Katze von uns zu Hause auf den Schoß nehme.

KAIPHAS: Meine Nase ist ganz erfüllt von einem unermeßlichen, lieblichen Geruch, der Duft verschlingt mich wie das Meer. Es ist ein Duft, der bebt, der mich streift und sieht, eine ungeheuere Lieblichkeit, die durch meine

Haut bis zu meinem Herzen dringt. Ich bin bis ins Mark durchdrungen von einem Leben, das nicht meins ist und das ich nicht kenne. Ich bin verloren am Grund eines anderen Lebens wie am Grund eines Brunnens, ich ersticke, ich bin duftüberschwemmt, ich hebe den Kopf und sehe die Sterne nicht mehr; die riesigen Pfeiler einer fremden Zärtlichkeit erheben sich um mich bis in den Himmel, und ich bin kleiner als ein Wurm.
PAULUS: Es stimmt, man sieht die Sterne nicht mehr.
SIMON: Es geht vorbei, der Duft ist nicht mehr so stark.
KAIPHAS: Ja... es geht vorbei, es geht jetzt vorbei. Es ist vorüber. Wie die Erde und der Himmel jetzt leer sind! Los, hol deine Harmonika her, wir nehmen unsere Wache wieder auf. Das ist sicher nicht das einzige Wunder, das wir in der Nacht sehen werden. Paulus, leg einen Scheit ins Feuer, es geht aus.
Der Engel kommt.

ZWEITE SZENE

Dieselben, der Engel

DER ENGEL: Kann ich mich einen Moment aufwärmen?
PAULUS: Wer seid Ihr?
DER ENGEL: Ich komme aus Hebron, ich friere.
KAIPHAS: Wärmt Euch auf, wenn Ihr wollt. Und wenn Ihr Durst habt, hier ist Wein. *Pause.* Seid Ihr den Ziegenpfad heraufgekommen?
DER ENGEL: Ich weiß nicht. Ja, ich glaube.
KAIPHAS: Habt Ihr diesen Duft gerochen, der über die Wege zieht?
DER ENGEL: Welchen Duft?
KAIPHAS: Ein Duft... Gut, wenn Ihr ihn nicht gerochen habt, gibt es nichts darüber zu sagen. Habt Ihr Hunger?
DER ENGEL: Nein.

Kaiphas: Ihr seid blaß wie der Tod.
Der Engel: Ich bin blaß, weil ich einen Schlag gekriegt habe.
Kaiphas: Einen Schlag?
Der Engel: Ja. Es kam wie ein Faustschlag. Jetzt muß ich Simon, Paulus und Kaiphas sehen. Das seid Ihr, nicht wahr?
Alle drei: Ja.
Der Engel: Das ist Simon, nicht wahr? Und das ist Paulus? Und Ihr, Ihr seid Kaiphas?
Kaiphas: Woher kennt Ihr uns? Seid Ihr aus Hebron?
Paulus: Mein Gott, er sieht aus, als schliefe er im Stehen. *Laut:* Und Ihr habt uns was zu sagen?
Der Engel: Ja. Ich habe Euch mitten in Euren Herden gesucht, und Eure Hunde haben bei meinem Anblick geheult.
Simon *beiseite:* Das verstehe ich!
Der Engel: Ich habe eine Botschaft für Euch.
Simon: Eine Botschaft?
Der Engel: Ja. Entschuldigt, der Weg ist lang, und ich weiß nicht mehr, was ich Euch zu sagen hatte. Ich friere. *Mit Emphase:* Herr, mein Mund ist bitter, und meine Schultern beugen sich unter deinem enormen Gewicht. Ich trage dich, Herr, und es ist, als trüge ich die ganze Erde. *Zu den anderen:* Ich habe Euch angst gemacht, nicht wahr? Ich bin zu Euch gegangen in der Nacht, die Hunde heulten wie wahnsinnig, wenn ich vorbeikam, und ich friere. Ich friere immer noch.
Simon: Das ist ein armer Irrer.
Kaiphas: Sei still. Und du, sag uns deine Botschaft.
Der Engel: Die Botschaft? Ach so, die Botschaft. Hier: Weckt eure Gefährten und macht euch auf. Ihr sollt nach Bethsur gehen und die frohe Botschaft überall ausrufen.
Kaiphas: Welche Botschaft?
Der Engel: Wartet: Es ist in Bethlehem, in einem Stall. Wartet und seid still. Am Himmel ist eine große Leere

und ein großes Warten, denn es ist noch nichts geschehen. Und in meinem Körper ist diese Kälte, die wie die Kälte des Himmels ist. In diesem Moment liegt in einem Stall eine Frau auf Stroh, sie leidet und schreit laut. Seid still, denn der Himmel hat sich ganz und gar geleert wie ein großes Loch, er ist öde, und die Engel frieren. Oh! Wie sie frieren!

SIMON: Das sieht überhaupt nicht nach einer frohen Botschaft aus.

KAIPHAS: Sei still!

Langes Schweigen.

DER ENGEL: Da. Er ist geboren! Sein unendlicher, heiliger Geist ist gefangen in einem besudelten Kinderkörper und wundert sich, daß er leidet und unwissend ist. Da: Unser Herr ist nur noch ein Kind. Ein Kind, das nicht sprechen kann. Ich friere, Herr, wie ich friere! Aber es ist jetzt genug geweint über das Leid der Engel und die unermeßliche Öde der Himmel. Überall auf der Erde wehen leichte Düfte, und jetzt können sich die Menschen freuen. Habt keine Angst vor mir, Simon, Kaiphas und Paulus; weckt Eure Gefährten.

Sie rütteln die Schlafenden.

ERSTER HIRTE: Heh! Was ist los!

ZWEITER HIRTE: Laßt mich schlafen. Ich träumte, ich hielt eine hübsche Jungfer im Arm.

DRITTER HIRTE: Und ich träumte vom Essen...

ALLE:
Warum reißt man uns aus dem Schlaf?
Und wer ist der da mit dem langen bleichen Gesicht,
Der wie wir zu erwachen scheint?

DER ENGEL: Geht nach Bethsur und ruft überall: Der Messias ist geboren. Er ist geboren in einem Stall, in Bethlehem.

ALLE: Der Messias...

Der Engel: Sagt ihnen: Geht in Scharen hinab in die Stadt Davids, um Christus anzubeten, euren Heiland. Und das habt zum Zeichen: Ihr werdet finden das Kind in Windeln gewickelt und in einer Krippe liegen. Du, Kaiphas, geh zu Bariona, der leidet und dessen Herz voll Bitterkeit ist, und sag ihm: «Friede auf Erden den Menschen guten Willens.»

Alle: Friede auf Erden den Menschen guten Willens.

Simon: Kommt, ihr anderen, beeilen wir uns. Wir werden die Bewohner von Bethsur aus ihren Betten rütteln und uns über ihre verblüfften Gesichter freuen. Denn nichts ist so schön, wie eine frohe Botschaft zu verkünden.

Paulus: Und wer hütet unsere Schafe?

Der Engel: Ich werde sie hüten.

Alle: Los! Los! Schnell. Paulus, nimm deine Feldflasche und du, Simon, dein Akkordeon. Der Messias ist unter uns. Hosianna! Hosianna!

Einander stoßend gehen sie ab.

Der Engel: Ich friere...

Vorhang

VIERTES BILD
Ein Platz in Bethsur in der Morgendämmerung

DIE HIRTEN:

Wir haben den Gipfel der Berge verlassen
Und sind zu den Menschen hinabgestiegen,
Denn unser Herz war voll Fröhlichkeit.
Da unten in der Stadt mit den flachen Dächern und
    weißen Häusern,
Die wir nicht kennen und uns kaum vorstellen können,
Mitten in einer großen Menschenmenge, die auf dem
    Rücken lag und schlief,
Mit seinem kleinen weißen Körper die unheilvolle
    Finsternis der Nacht der Städte, die Nacht der
    Kreuzungen
        Durchbrechend,
Aufsteigend aus den Tiefen des Nichts,
Wie ein Fisch mit silbernem Bauch aufsteigt aus den
    Abgründen des Meers,
        Ist uns der Messias geboren!
Der Messias, der König Judas, den uns die Propheten
    verheißen haben.
Der Herr der Juden ist geboren und bringt Freude auf
    unsere Erde.
Von nun an wird Gras wachsen auf dem Gipfel der Berge,
    Und die Schafe werden allein weiden,
    Und wir haben nichts mehr zu tun,
Und wir werden auf dem Rücken liegen den ganzen Tag,
Wir werden die schönsten Mädchen liebkosen
Und Hymnen singen zum Lobe des Herrn.
Deshalb haben wir getrunken und gesungen unterwegs,
Und wir haben einen leichten Rausch
Gleich dem der ziegenfüßigen Tänzerin,
Die sich lange gedreht hat zum Klang der Flöte.

Sie tanzen.
Simon spielt Harmonika.
Kaiphas: Holla! Jerevah, gürte deine Lenden und höre die frohe Botschaft.
Alle: Aufstehen! Aufstehen! Jerevah!
Jerevah: Was gibt's? Seid ihr verrückt? Darf man nicht mehr ruhig schlafen? Ich hatte meine Sorgen mit meinen Kleidern am Fuß meines Lagers abgelegt und träumte, ich wäre jung.
Alle: Komm runter, Jerevah, komm runter! Wir bringen dir die frohe Botschaft.
Jerevah: Wer seid ihr, ihr da? Ach! Das sind die Hirten vom Berg Saron. Was wollt ihr im Dorf, und wer hütet eure Schafe?
Kaiphas: Gott hütet sie. Er wird sich darum kümmern, daß sich keines verirrt, denn diese Nacht ist gesegnet unter allen, sie ist fruchtbar wie der Schoß einer Frau, sie ist jung wie die erste Nacht der Welt. Jerevah! Das ist die erste Nacht der Welt, denn alles fängt wieder von vorn an, und allen Menschen der Welt ist es erlaubt, von neuem ihr Glück zu versuchen.
Jerevah: Haben die Römer Juda verlassen?
Paulus: Komm runter! Komm runter! Du wirst alles erfahren. Wir wecken so lange die anderen.
Simon: Chalam! Chalam!
Chalam: Ja! Ich komme aus dem Bett und sehe kaum. Brennt es?
Simon: Komm runter, Chalam, und geh mit uns.
Chalam: Seid ihr verrückt, einen Menschen zu dieser Stunde zu wecken? Wißt ihr nicht, mit welcher Ungeduld wir jeden Tag den Schlaf erwarten, wir von Bethsui, den Schlaf, der wie der Tod ist?
Simon: Von jetzt an, Chalam, wirst du nicht mehr schlafen wollen, du wirst über die Berghänge laufen wie ein Zicklein, selbst in der Nacht, und wirst Blumen pflücken, um dir einen Kranz zu winden.

Chalam: Was faselst du da? Es gibt keine Blumen an den Berghängen.

Simon: Es wird welche geben. Und Zitronen- und Orangenbäume werden auf den Berggipfeln wachsen, und wir werden nur noch die Hand ausstrecken müssen, um goldene Orangen so groß wie ein Kinderkopf zu pflücken. Wir bringen dir die frohe Botschaft.

Chalam: Hat man ein neues Düngemittel gefunden? Hat man die Landprodukte wieder aufgewertet?

Simon: Komm runter! Komm runter! Und wir sagen dir alles!

Die Leute kommen nach und nach aus ihren Häusern und versammeln sich auf dem Platz.

Der Zöllner *erscheint auf seiner Treppe*: Was gibt's? Seid ihr betrunken? Seit vierzig Jahren habe ich keine Freudenschreie auf der Straße gehört. Und ihr sucht euch zum Schreien den Tag aus, wo ich einen Römer in meinem Haus habe! Das ist eine Schande!

Paulus: Die Römer werden mit großen Arschtritten aus Juda gejagt, und die Zöllner hängen wir an den Füßen über feurige Glut.

Der Zöllner: Das ist die Revolution! Das ist die Revolution!

Lelius *im Pyjama mit seinem Helm*: Hm! Was ist los?

Der Zöllner: Das ist die Revolution! Das ist die Revolution!

Lelius: Juden! Wißt ihr, daß die Regierung meinen Tod in Strömen von Blut rächen würde?

Kaiphas: Dorfbewohner und Hirten, laßt uns singen und tanzen, denn das Goldene Zeitalter ist wiedergekommen!

Alle *singen*:
Der Herr ist König; des freue sich das Erdreich und
   seien fröhlich die Inseln, soviel ihrer sind.
Wolken und Dunkel ist um ihn her; Gerechtigkeit und
   Gericht ist seines Stuhles Festung.

Feuer geht vor ihm her und zündet an umher seine
Feinde.
Seine Blitze leuchten auf dem Erdboden; das Erdreich
siehet's und erschrickt.
Berge zerschmelzen wie Wachs vor dem Herrn, vor dem
Herrscher des ganzen Erdbodens.
Die Himmel verkündigen seine Gerechtigkeit, und alle
Völker sehen seine Ehre.
Zion hört es und ist froh; und die Töchter Judas sind
fröhlich, Herr, über deinem Regiment.
Das Meer brause und was darinnen ist, der Erdboden
und die darauf wohnen.
Die Wasserströme frohlocken, und alle Berge seien
fröhlich
vor dem Herrn; denn er kommt, das Erdreich zu
richten. Er wird den Erdboden richten mit
Gerechtigkeit und die Völker mit Recht.

BARIONA *kommt*: Hunde! Seid ihr denn nur glücklich, wenn man euch mit Honigworten anschmiert? Habt ihr nicht genug Mut im Leib, um der Wahrheit ins Gesicht zu sehen? Eure Gesänge zerreißen mir die Ohren, und eure besoffenen Weibertänze machen mich vor Ekel kotzen.

DIE MENGE: Aber Bariona, Bariona! Christus ist geboren!

BARIONA: Christus! Arme Irre! Arme Blinde!

KAIPHAS: Bariona, der Engel hat zu mir gesagt: Geh zu Bariona, der leidet und dessen Herz voll Bitterkeit ist, und sag ihm: Friede auf Erden den Menschen guten Willens.

BARIONA: Ha! Guten Willens! Der gute Wille des Armen, der unter der Treppe des Reichen verhungert, ohne sich zu beklagen! Der gute Wille des Sklaven, den man peitscht und der danke sagt! Der gute Wille der Soldaten, die man ins Massaker hetzt und die kämpfen, ohne zu wissen warum! Wieso ist er nicht hier, euer Engel, und richtet seinen Auftrag selbst aus? Ich würde ihm antworten: Es gibt für mich keinen Frieden auf Erden, und ich will ein Mensch bösen Willens sein! *Die Menge murrt.* Böser Wille! Gegen die Götter, gegen die Menschen, gegen die Welt habe ich mein Herz mit einem dreifachen Panzer gestählt. Ich werde um keine Gnade bitten und nicht danke sagen. Ich werde vor niemandem die Knie beugen, ich werde meine Würde in meinen Haß legen, ich werde genau Buch führen über alle meine Leiden und die der anderen Menschen. Ich möchte der Zeuge und die Waagschale des Leids aller sein; ich sammle es und bewahre es in mir wie eine Lästerung. Gleich einer Säule der Ungerechtigkeit will ich mich in den Himmel erheben; allein und unversöhnt werde ich sterben, und meine Seele soll zu den Sternen hinaufsteigen wie ein großer gellender Schrei, ein zorniger Schrei.

KAIPHAS: Nimm dich in acht, Bariona! Gott hat dir ein Zeichen gegeben, und du weigerst dich, ihn zu hören.

BARIONA: Und hätte der Ewige mir sein Gesicht zwischen den Wolken gezeigt, ich würde mich noch weigern, ihn zu hören, denn ich bin frei; und Gott selbst vermag nichts gegen einen freien Menschen. Er kann mich zu Staub machen oder mich wie eine Fackel anzünden, er kann machen, daß ich mich vor Schmerzen winde wie eine Rebe im Feuer, aber er vermag nichts gegen diesen ehernen Pfeiler, gegen diese unbeugsame Säule: die Freiheit des Menschen. Aber zunächst, ihr Dummköpfe, woher nehmt ihr, daß er mir ein Zeichen gegeben hat? Ihr seid ja sehr leichtgläubig. Kaum haben jene ihre Geschichte erzählt, da stürzt ihr euch in die Leichtgläubigkeit, als handelte es sich darum, eure Ersparnisse auf einer Bank der Stadt zu hinterlegen. Simon, komm doch mal her, du, der jüngste der Hirten, du siehst naiver aus als die anderen und wirst mir die Tatsachen, so wie sie geschehen sind, getreuer wiedergeben. Wer hat euch die frohe Botschaft verkündet?

Simon: Nun, Herr, es war ein Engel.
Bariona: Woher weißt du, daß es ein Engel war?
Simon: Wegen der großen Angst, die ich hatte. Als er sich dem Feuer näherte, dachte ich, ich würde auf den Hintern fallen.
Bariona: Ja. Und wie war er, dieser Engel? Hatte er große ausgebreitete Flügel?
Simon: Aber nein. Er sah ganz und gar verstört aus, und seine Beine schlotterten. Und er fror. Ach! Der Arme, wie er fror!
Bariona: Schöner Gesandter des Himmels. Und welchen Beweis hat er euch gegeben für das, was er behauptete?
Simon: Na ja… Er hat… Er hat… Er hat überhaupt keine Beweise gegeben.
Bariona: Was? Nicht das mindeste kleine Wunder? Er hat nicht das Feuer in Wasser verwandelt? Und auch nicht eure Stöcke zum Blühen gebracht?
Simon: Wir haben nicht daran gedacht, es von ihm zu verlangen, und ich bedaure es, denn ich habe einen schlimmen Rheumatismus, der mich in den Schenkeln plagt, und ich hätte ihn, solange er da war, bitten können, mich davon zu befreien. Er sprach widerwillig. Er hat zu uns gesagt: Geht nach Bethlehem, sucht den Stall, und ihr werdet dort ein Kind in Windeln finden.
Bariona: Wirklich! Eine schöne Geschichte. Es ist zur Zeit ein großes Gedränge in Bethlehem wegen der Volkszählung. Die Herbergen weisen viele ab, viele Leute müssen unter freiem Himmel und in Ställen schlafen. Ich möchte wetten, daß ihr mehr als zwanzig Säuglinge in den Krippen finden werdet. Ihr werdet nur die Qual der Wahl haben.
Die Menge: Es ist trotzdem wahr.
Bariona: Und dann? Was hat er dann gemacht, euer Engel?
Simon: Er ist gegangen.
Bariona: Gegangen? Er ist verschwunden, meinst du, er

hat sich in Rauch aufgelöst, wie seinesgleichen die Gewohnheit haben?
Simon: Nein, nein. Er ist auf seinen zwei Beinen gegangen, ein bißchen hinkend, auf sehr natürliche Art.
Bariona: Das ist euer Engel, o ihr Narren! Es genügt also, daß weinselige Hirten im Gebirge einen Einfältigen treffen, der ihnen irgendwas über die Ankunft Christi faselt, und schon lallt ihr vor Freude und werft eure Hüte in die Luft?
Erster Ältester: Ach, Bariona, wir warten schon so lange auf ihn!
Bariona: Auf wen wartet ihr? Auf einen König, einen Mächtigen der Erde, der erscheinen wird in seiner Herrlichkeit und den Himmel durchqueren wird wie ein Komet, begleitet vom Schall der Trompeten. Und was gibt man euch? Ein Bettlerkind, ganz besudelt und schreiend in einem Stall, mit Strohhalmen in den Windeln. Ach! Ein schöner König! Geht, geht hinunter nach Bethlehem, es lohnt gewiß den Weg.
Die Menge: Er hat recht! Er hat recht!
Bariona: Geht nach Hause, gute Leute, und beweist in Zukunft mehr Urteilsvermögen. Der Messias ist nicht gekommen, und soll ich euch was sagen, er wird nie kommen. Diese Welt ist ein unendlicher Absturz, ihr wißt es genau. Der Messias, das wäre jemand, der diesen Absturz aufhalten würde, der den Lauf der Dinge plötzlich umkehren und die Welt wieder in die Luft springen lassen würde wie einen Ball. Dann sähe man die Flüsse vom Meer zurückfließen bis zu ihren Quellen, Blumen würden auf dem Fels wachsen, und die Menschen hätten Flügel, und wir würden als Greise geboren werden, um uns dann zu verjüngen bis zur frühen Kindheit. Das ist das Universum eines Verrückten, was ihr euch da vorstellt. Ich habe nur eine Gewißheit, und zwar daß alles immer fallen wird; die Flüsse ins Meer, die alten Völker unter die Herrschaft der jungen Völker; die mensch-

lichen Unternehmen in Zerbrechlichkeit und wir ins abscheuliche Alter. Geht nach Hause.

LELIUS *zum Zöllner*: Ich glaube nicht, daß ein römischer Beamter je vor einem peinlicheren Fall gestanden hat. Wenn ich sie nicht eines Besseren belehre, werden sie scharenweise nach Bethlehem gehen und dort einen Tumult veranstalten, der mir Scherereien machen wird. Und wenn ich sie eines Besseren belehre, werden sie um so nachdrücklicher auf ihrem abscheulichen Vergehen von gestern beharren und keine Kinder mehr machen. Was tun? Hm! Das beste ist, nichts zu sagen und die Ereignisse ihren natürlichen Lauf nehmen zu lassen. Gehen wir wieder hinein, und tun wir so, als hätten wir nichts gehört.

JEREVAH: Los, gehen wir nach Hause! Wir haben noch Zeit, ein bißchen zu schlafen. Ich werde träumen, daß ich glücklich und reich bin. Und niemand wird mir meine Träume nehmen können.

Der Tag bricht allmählich an. Die Menge fängt an, den Platz zu verlassen. Musik.

KAIPHAS: Wartet doch, ihr, wartet. Was ist das für eine Musik? Und wer kommt denn da zu uns, in so einem schönen Aufzug?

JEREVAH: Es sind orientalische Könige, ganz mit Gold behängt. Ich habe noch nie etwas so Schönes gesehen.

DER ZÖLLNER *zu Lelius*: Ich habe solche Könige auf der Kolonialausstellung in Rom gesehen vor bald zwanzig Jahren.

ERSTER ÄLTESTER: Tretet zur Seite und macht ihnen Platz. Denn ihr Zug kommt hierher.

Die Heiligen Drei Könige kommen.

MELCHIOR: Gute Leute, wer befiehlt hier?

BARIONA: Ich.

MELCHIOR: Sind wir noch weit von Bethlehem?

BARIONA: Zwanzig Meilen.

MELCHIOR: Ich bin froh, endlich jemanden getroffen zu haben, der mir Auskunft gibt. Alle Dörfer in der Umgegend sind ausgestorben, denn ihre Bewohner sind Christus anbeten gegangen.

ALLE: Christus! Dann ist es also wahr? Christus ist geboren?

SARAH, *die sich unter die Menge gemischt hat*: Ach, sagt uns, sagt uns, daß er geboren ist, und erwärmt unsere Herzen. Das göttliche Kind ist geboren. Eine Frau hat dieses Glück gehabt! Ach, eine zweifach gesegnete Frau!

BARIONA: Auch du, Sarah? Auch du?

BALTHASAR: Christus ist geboren! Wir haben seinen Stern gesehen im Morgenland, und sind gekommen, ihn anzubeten.

ALLE: Christus ist geboren!

ERSTER ÄLTESTER: Du hast uns getäuscht, Bariona, du hast uns getäuscht!

JEREVAH: Schlechter Hirte, du hast uns belogen, du wolltest uns krepieren lassen, was auf diesem unfruchtbaren Fels, und währenddessen hätten die aus dem Flachland sich glücklich unseres Herrn erfreut.

BARIONA: Arme Irre! Ihr glaubt denen, weil sie mit Gold behängt sind.

CHALAM: Und deine Frau? Sieh sie an! Sieh sie an! Und sag, ob sie nicht daran glaubt. Denn du hast sie getäuscht wie uns.

LELIUS *zum Zöllner*: He, he! Das geht schlecht aus für unseren arabischen Geier. Ich habe gut daran getan, mich nicht einzumischen.

DIE MENGE: Folgen wir den Königen aus dem Morgenland! Gehen wir mit ihnen nach Bethlehem!

BARIONA: Ihr werdet nicht gehen! Solange ich euer Vorsteher bin, werdet ihr nicht gehen.

BALTHASAR: Was denn? Ihr hindert Eure Männer daran, den Messias anzubeten?

BARIONA: Ich glaube nicht mehr an den Messias als an alle eure Possen. Ihr Reichen, ihr Könige, ich durchschaue euer Spiel. Ihr setzt den Armen Flausen in den Kopf, damit sie stillehalten. Aber ich sage euch, mir macht ihr nichts vor. Einwohner von Bethsur, ich möchte nicht mehr euer Vorsteher sein, denn ihr habt an mir gezweifelt. Aber ich wiederhole euch ein letztes Mal: Seht eurem Unglück ins Auge, denn die Würde des Menschen liegt in seiner Verzweiflung.

BALTHASAR: Bist du sicher, daß sie nicht eher in seiner Hoffnung liegt? Ich kenne dich nicht, aber ich sehe an deinem Gesicht, daß du gelitten hast, und ich sehe auch, daß du dir in deinem Schmerz gefallen hast. Deine Züge sind edel, aber deine Augen sind halb geschlossen, und deine Ohren scheinen verstopft, auf deinem Gesicht ist die Starre, die man von den Gesichtern des Blinden und des Tauben kennt; du bist wie einer jener tragischen, blutrünstigen Götzen, die die heidnischen Völker anbeten. Ein grausamer Götze, die Augen niedergeschlagen, blind und taub gegenüber menschlichen Worten, der nur auf den Rat seines Hochmuts hört. Doch sieh uns an: Auch wir haben gelitten, und wir sind Gelehrte unter den Menschen. Aber als dieser neue Stern aufgegangen ist, haben wir, ohne zu zögern, unsere Königreiche verlassen und sind ihm gefolgt, und wir werden unseren Messias anbeten.

BARIONA: Gut: Geht hin und betet ihn an. Wer hindert euch, und was schert mich das?

BALTHASAR: Wie heißt du?

BARIONA: Bariona. Und?

BALTHASAR: Du leidest, Bariona. *Bariona zuckt mit den Schultern.* Du leidest, und doch ist es deine Pflicht zu hoffen. Deine Pflicht als Mensch. Für dich ist Christus auf die Erde herabgestiegen. Für dich mehr als für jeden anderen, denn du leidest mehr als jeder andere. Der Engel hofft nicht, denn er freut sich seiner Freude, und Gott hat ihm schon im voraus alles gegeben, und der Kieselstein hofft auch nicht, denn er lebt dumpf in einer ewigen Gegenwart. Aber als Gott die Natur des Menschen geformt hat, hat er Hoffnung und Kummer verschmolzen. Denn, siehst du, ein Mensch ist immer viel mehr als das, was er ist. Du siehst diesen Mann hier, ganz schwerfällig in seinem Fleisch, angewachsen auf dem Platz mit seinen beiden großen Füßen, und wenn du die Hand ausstreckst, um ihn zu berühren, sagst du: Er ist da. Und das ist nicht wahr: Wo ein Mensch auch ist, Bariona, er ist immer woanders. Woanders, jenseits der violetten Gipfel, die du von hier aus siehst, in Jerusalem, in Rom, jenseits dieses eisigen Tages, morgen. Und all jene hier, die um dich herumstehen, sie sind längst nicht mehr hier: sie sind in Bethlehem in einem Stall beim kleinen warmen Körper eines Kindes. Und all diese Zukunft, aus der der Mensch geschaffen ist, all die Gipfel, all die violetten Horizonte, all diese herrlichen Städte, die er heimsucht, ohne je einen Fuß dorthin gesetzt zu haben, das ist die Hoffnung. Das ist die Hoffnung. Sieh die Gefangenen an, die vor dir stehen, die im Dreck und in der Kälte leben. Weißt du, was du sähest, wenn du ihrer Seele folgen könntest? Die Hügel und die sanften Mäander eines Flusses und Weinberge und die südliche Sonne, ihre Weinberge und ihre Sonne. Dort sind sie. Und die vergoldeten Weinberge des September, das ist für einen vor Kälte starren und verlausten Gefangenen die Hoffnung. Die Hoffnung und das Beste an ihnen. Und du willst ihnen ihre Weinberge und ihre Felder und das Leuchten der fernen Hügel nehmen, du willst ihnen nur den Dreck und die Läuse und die Rüben lassen, du willst ihnen die dumpfe Gegenwart des Tiers geben. Denn das ist deine Verzweiflung: den augenblicklichen Moment wiederkäuen, mit grollendem, stupidem Blick auf deine Füße sehen, deine Seele der Zukunft entreißen und sie um die Gegenwart schlingen. Dann bist du kein Mensch mehr, Bariona, dann bist du nur noch ein harter, schwarzer Stein auf der Straße. Auf der Straße ziehen die Karawanen vorüber, aber der Stein bleibt allein und unverrückbar in seinem Zorn.

BARIONA: Du faselst, Alter.
BALTHASAR: Bariona, es ist wahr, daß wir sehr alt und sehr gelehrt sind und alles Übel der Erde kennen. Doch als wir diesen Stern am Himmel sahen, haben unsere Herzen vor Freude geklopft wie bei Kindern, und wir waren wie Kinder und haben uns auf den Weg gemacht, denn wir wollten unsere Menschenpflicht erfüllen und hoffen. Wer die Hoffnung verliert, Bariona, der wird aus seinem Dorf vertrieben und verflucht werden, und die Steine des Weges werden ihm spitzer, die Dornen stechender und das Bündel, das er trägt, wird ihm schwerer sein, und alles Unglück wird über ihn herfallen wie ein aufgestörter Bienenschwarm, und jeder wird ihn verhöhnen und mit dem Finger auf ihn zeigen. Aber dem, der hofft, ist alles Lächeln, und die Welt wird ihm geschenkt. Auf, ihr andern, seht, ob ihr hierbleiben oder euch entschließen müßt, uns zu folgen.
ALLE: Wir folgen dir.
BARIONA: Halt! Geht nicht! Ich muß noch mit euch reden. *Einander stoßend gehen sie ab.* Du, Jerevah! Du warst einst mein Gefährte und glaubtest mir immer aufs Wort. Hast du kein Vertrauen mehr zu mir?
JEREVAH: Laß mich: du hast uns getäuscht. *Er geht.*
BARIONA: Und du, Ältester, du warst immer meiner Meinung im Rat.
DER ÄLTESTE: Damals warst du der Vorsteher... Heute bist du nichts mehr. Laß mich vorbei.
BARIONA: Na dann geht! Geht, arme Irre. Komm, Sarah, wir werden allein hier bleiben...
SARAH: Bariona, ich werde ihnen folgen.
BARIONA: Sarah! *Pause.* Mein Dorf ist tot, meine Familie ist entehrt, meine Männer verlassen mich. Ich glaubte nicht, noch mehr leiden zu können, und ich täuschte mich. Sarah, von dir habe ich den härtesten Schlag erhalten. Du liebtest mich also nicht?
SARAH: Ich liebe dich, Bariona. Aber versteh mich. Da un-

ten ist eine überglückliche Frau, eine Mutter, die geboren hat für alle Mütter, und das ist, als hätte sie mir eine Erlaubnis gegeben: die Erlaubnis, mein Kind zur Welt zu bringen. Ich möchte sie sehen, sie sehen, diese glückliche, geheiligte Mutter. Sie hat mein Kind gerettet, es wird geboren werden, ich weiß es jetzt. Wo, ist unwichtig. Am Wegrand oder in einem Stall wie ihrer. Und ich weiß auch, daß Gott mit mir ist. *Schüchtern:* Komm mit uns, Bariona.

BARIONA: Nein, tu, was du willst.

SARAH: Dann leb wohl!

BARIONA: Leb wohl. *Pause.* Sie sind gegangen, Herr, du und ich, wir sind allein. Ich habe viele Leiden kennengelernt, aber ich mußte bis zum heutigen Tag leben, um den bitteren Geschmack der Verlassenheit zu kosten. Ach, wie allein ich bin! Aber, Gott der Juden, du wirst nicht eine Klage aus meinem Mund hören. Ich will lange leben, verlassen auf diesem unfruchtbaren Fels, ich, der ich nie verlangt habe, geboren zu werden, und ich will dein Gewissensbiß sein.

Vorhang

FÜNFTES BILD
Vor dem Haus des Zauberers

Erste Szene

Bariona *allein*: Ein Gott sich in einen Menschen verwandeln! Was für ein Ammenmärchen! Ich sehe nicht, was ihn an unserem Menschsein reizen könnte. Die Götter wohnen im Himmel, ganz damit beschäftigt, sich ihrer selbst zu erfreuen. Und wenn sie je einmal zu uns hinabstiegen, dann geschähe das in irgendeiner glänzenden, flüchtigen Gestalt, als purpurrote Wolke oder Blitz. Ein Gott soll sich in einen Menschen verwandeln? Der Allmächtige mitten in seiner Herrlichkeit soll diese Läuse betrachten, die auf der alten Kruste der Erde wimmeln und sie mit ihren Exkrementen besudeln, und sagen: Ich möchte eines dieser Ungeziefer sein? Daß ich nicht lache. Ein Gott soll sich dem Geborenwerden unterziehen, neun Monate wie ein blutiges Gekröse bleiben? Sie werden in den frühen Morgenstunden ankommen, denn die Frauen, die bei ihnen sind, werden langsamer gehen... Sollen sie doch lachen und schreien unter den Sternen und das schlafende Bethlehem aufwecken. Die römischen Bajonette werden nicht zögern, sie in den Hintern zu stechen und ihnen das Blut zu kühlen.
Lelius kommt.

Zweite Szene

Lelius, Bariona

LELIUS: Aha! Da ist ja der Vorsteher Bariona. Ich bin glücklich, Euch zu sehen, Vorsteher. Doch, doch, sehr glücklich. Politische Meinungsverschiedenheiten haben uns zu trennen vermocht, aber im Augenblick sind nur noch wir beide übrig in diesem verlassenen Dorf. Der Wind hat sich erhoben und läßt die Türen schlagen. Manche öffnen sich ganz von allein auf große schwarze Löcher. Das macht einen schaudern. Wir haben allen Grund, uns anzunähern.

BARIONA: Ich habe keine Angst vor schlagenden Türen, und Ihr habt Levy, den Zöllner, der Euch Gesellschaft leisten kann.

LELIUS: Eben nicht, Ihr werdet lachen: Der alte Levy ist den Männern gefolgt und hat sich dazu meinen Esel geliehen. Ich werde genötigt sein, zu Fuß zurückzukehren. *Bariona lacht.* Ja, hm! Das ist wirklich sehr komisch. Und... was haltet Ihr von alldem, Vorsteher?

BARIONA: Herr Oberstatthalter, ich wollte Euch gerade dieselbe Frage stellen.

LELIUS: Oh, ich... Sie haben Euch im Stich gelassen, wie?

BARIONA: Es hing nur von mir ab, ihnen zu folgen. Werdet Ihr Eure Reise fortsetzen, Herr Oberstatthalter?

LELIUS: Ach was! Das lohnt sich nicht mehr, denn es scheint ja, daß sich alle Bergdörfer von ihren Bewohnern geleert haben. Das ganze Gebirge ist zu Besuch in Bethlehem. Ich werde zu Fuß nach Hause gehen. Und Ihr? Werdet Ihr allein hier bleiben?

BARIONA: Ja.

LELIUS: Das ist eine unglaubliche Geschichte.

BARIONA: Unglaublich ist nur die Dummheit der Menschen.

LELIUS: Ja; hm! Ihr glaubt also nicht an diesen Messias?

Bariona zuckt die Achseln. Ja, natürlich. Ich habe trotzdem Lust, einen kleinen Ausflug zu diesem Stall zu machen. Man kann nie wissen: Diese Weisen sahen so überzeugt aus.

BARIONA: Also auch Ihr laßt Euch von Gepränge beeindrucken? Ihr solltet doch daran gewöhnt sein, Ihr Römer.

LELIUS: Hm! Wißt Ihr, wir haben in Rom einen Altar für die unbekannten Götter. Das ist eine Vorsichtsmaßnahme, die ich immer gutgeheißen habe und die mir mein gegenwärtiges Verhalten vorschreibt. Ein Gott mehr kann uns nicht schaden, wir haben schon so viele. Und es gibt genug Ochsen und Ziegen in unserem Reich, daß es für alle Opfer reicht.

BARIONA: Wenn ein Gott sich zum Menschen gemacht hätte, mir zuliebe, würde ich ihn allein lieben, unter Ausschluß aller anderen, es wären wie Blutsbande zwischen ihm und mir, und mein ganzes Leben würde nicht ausreichen, ihm meine Dankbarkeit zu bezeigen: Bariona ist nicht undankbar. Aber welcher Gott wäre so verrückt? Unserer sicher nicht. Er hat sich immer eher zurückhaltend gezeigt.

LELIUS: In Rom sagt man, daß Jupiter von Zeit zu Zeit Menschengestalt annimmt, wenn er vom Olymp aus irgendeine niedliche Jungfrau erspäht hat. Aber ich brauche Euch nicht zu sagen, daß ich daran nicht glaube.

BARIONA: Ein Gottmensch, ein Gott aus unserem erniedrigten Fleisch, ein Gott, der bereit wäre, diesen salzigen Geschmack kennenzulernen, den wir im Mund haben, wenn die ganze Welt uns verläßt, ein Gott, der im voraus bereit wäre, zu leiden, was ich heute leide... Also, das ist Blödsinn.

LELIUS: Ja, hm! Ich werde trotzdem einen Ausflug da hinunter machen, man kann nie wissen. Und außerdem werden wir die Götter besonders nötig haben, wir beide, denn schließlich habt Ihr Euren Posten verloren, und ich riskiere meinen.

Bariona: Ihr riskiert Euren?
Lelius: Natürlich! Stellt Euch doch vor, wie diese Lawine kurzbeiniger Bergbewohner die Straßen von Bethlehem überrollt. Es wird mir schlecht, wenn ich nur daran denke. Der Prokurator wird es mir nie verzeihen.
Bariona: In der Tat, das wird lustig. Und was werdet Ihr tun, wenn man Euch kaltstellt?
Lelius: Ich werde mich nach Mantua zurückziehen, das ist meine Geburtsstadt. Ich gestehe, daß ich mir das sehr wünschte; es geschieht etwas früher, als ich dachte, das ist alles.
Bariona: Und Mantua ist sicher eine sehr große Stadt Italiens, ganz von Fabriken umgeben?
Lelius: Das glaubt Ihr nur! Im Gegenteil, das ist eine ganz kleine Stadt. Sie ist ganz weiß, im Tal, am Ufer eines Flusses.
Bariona: Was? Keine Fabriken? Nicht das kleinste mechanische Sägewerk? Aber Ihr werdet Euch zu Tode langweilen. Ihr werdet Bethlehem vermissen.
Lelius: Nie im Leben. Seht, Mantua ist berühmt in Italien, weil wir dort Bienen züchten. Viele Bienen. Meinen Großvater kannten seine so gut, daß sie ihn nicht stachen, wenn er ihren Honig holte. Sie flogen ihm entgegen und setzten sich auf seinen Kopf und in die Falten seiner Toga; er benutzte weder Handschuhe noch Masken. Und ich selbst verstehe mich ganz gut darauf, muß ich zugeben. Aber ich weiß nicht, ob mich meine Bienen wiedererkennen, wenn ich nach Mantua zurückkehre. Sechs Jahre bin ich nicht mehr dort gewesen. Wir machen guten Honig, wißt Ihr, grünen, braunen, schwarzen und gelben. Ich habe immer davon geträumt, eine Abhandlung über Bienenzucht zu schreiben. Warum lacht Ihr?
Bariona: Weil ich an die Worte dieses alten Narren denke: Der Mensch ist ein ständiges Woanders, der Mensch, das ist die Hoffnung. Auch Ihr, Herr Oberstatthalter, habt

Euer Woanders, Eure Hoffnung. Oh! die reizende kleine
blaue Blume, und wie sie Euch steht. Nun denn, geht,
Herr Oberstatthalter, macht Honig in Mantua. Ich grüße
Euch.
Lelius: Lebt wohl.
Der Zauberer kommt aus seinem Haus.

Dritte Szene

Der Zauberer, Lelius, Bariona

Der Zauberer: Meine Herren, ich grüße Euch.
Bariona: Du da, alter Gauner? Du bist also nicht mit den
anderen gegangen?
Der Zauberer: Meine alten Beine sind zu schwach, gnädi-
ger Herr.
Lelius: Wer ist das?
Bariona: Das ist unser Zauberer, ein Kerl, der sein Ge-
schäft versteht. Er hat den Tod meines Vaters zwei Jahre
vorhergesagt.
Lelius: Noch ein Prophet. Es gibt zu viele bei Euch.
Der Zauberer: Ich bin kein Prophet, und ich werde nicht
von Gott inspiriert. Ich lese aus dem Tarot und aus dem
Kaffeesatz, und meine Wissenschaft ist ganz irdisch.
Lelius: Nun, dann sag uns doch, wer dieser Messias ist, der
alle Bergdörfer leert wie ein elektrischer Staubsauger.
Bariona: Nein, bloß nicht! Ich will nichts mehr hören von
diesem Messias. Das ist die Sache meiner Landsleute. Sie
haben mich verlassen, und ich verlasse sie meinerseits.
Lelius: Laßt doch, Teuerster, laßt ihn doch. Er kann uns
interessante Auskünfte geben.
Bariona: Wie Ihr wollt.
Lelius: Los, erzähl deine Geschichte. Und du bekommst
diesen Beutel, wenn ich zufrieden bin.
Der Zauberer: Ich bin eigentlich ein bißchen in Verlegen-

heit, wenn es sich um göttliche Dinge handelt; das ist nicht mein Gebiet. Es wäre mir lieber, wenn Ihr mich beispielsweise über die Treue Eurer Frau befragtet, das läge mehr auf meiner Linie.

Lelius: Hm! Meine Frau ist treu, Alter. Das ist ein Glaubensartikel. Die Frau eines römischen Beamten darf nicht verdächtigt werden. Im übrigen, wenn Ihr sie kennen würdet, wüßtet Ihr, daß Bridge, Nähstuben und der Vorsitz in Frauenkomitees ihre ganze Aktivität in Anspruch nehmen.

Der Zauberer: Ausgezeichnet, gnädiger Herr. In diesem Fall werde ich mich bemühen, Euch vom Messias zu erzählen. Aber entschuldigt, ich muß zuerst in Trance geraten.

Lelius: Dauert das lange?

Der Zauberer: Nein. Das ist nur eine kleine Formalität. Ich muß ein bißchen tanzen und mich am Tamtam berauschen. *Er tanzt und schlägt das Tamtam.*

Lelius: Echte Wilde.

Der Zauberer: Ich sehe! Ich sehe! Ein Kind in einem Stall.

Lelius: Und weiter?

Der Zauberer: Und es wächst.

Bariona: Natürlich.

Der Zauberer *ärgerlich*: Das ist nicht so natürlich. Die Kindersterblichkeit ist hoch bei den Juden. Er geht also unter die Menschen und sagt zu ihnen: Ich bin der Messias. Er wendet sich vor allem an die Kinder der Armen.

Lelius: Predigt er ihnen den Aufstand?

Der Zauberer: Er sagt zu ihnen: «Gebt dem Kaiser, was des Kaisers ist.»

Lelius: Das gefällt mir sehr.

Bariona: Und mir gefällt das überhaupt nicht. Das ist ein Gekaufter, euer Messias.

Der Zauberer: Er erhält von niemandem Geld. Er lebt sehr bescheiden. Er tut ein paar kleine Wunder. Er verwandelt in Kanaan Wasser in Wein. Ich würde es ebenso machen: Das ist eine Frage von Pulvern. Er läßt einen gewissen Lazarus auferstehen.

Lelius: Ein Helfershelfer. Und dann? Ein bißchen Hypnose, sicher?

Der Zauberer: Ich nehme an. Es gibt eine Geschichte mit Brötchen.

Bariona: Ich kenne das. Und dann?

Der Zauberer: Das ist alles an Wundern. Er scheint sie nur widerwillig zu tun.

Bariona: Nanu, er weiß wohl nicht, wie man es anfängt. Und dann? Was sagt er?

Der Zauberer: Er sagt: «Wer sein Leben gewinnen will, wird es verlieren.»

Lelius: Sehr gut.

Der Zauberer: Er sagt, das Reich seines Vaters sei nicht von dieser Welt.

Lelius: Ausgezeichnet. Da übt man sich in Geduld.

Der Zauberer: Er sagt auch, es sei leichter für ein Kamel, durch ein Nadelöhr zu gehen, als für einen Reichen, ins Himmelreich zu kommen.

Lelius: Das ist weniger gut. Aber ich verzeihe es ihm: wenn man beim niedrigen Volk ankommen will, muß man sich entschließen, den Kapitalismus ein wenig anzukratzen. Das Wesentliche ist im übrigen, daß er den Reichen die Herrschaft über die Erde läßt.

Bariona: Und dann? Was geschieht mit ihm?

Der Zauberer: Er leidet und stirbt.

Bariona: Wie jedermann.

Der Zauberer: Mehr als jedermann. Er wird gefangengenommen, vor ein Tribunal gestellt, nackt ausgezogen, gegeißelt, von allen verhöhnt und schließlich gekreuzigt. Leute versammeln sich um sein Kreuz und sagen zu ihm: «Hilf dir selber, wenn du der König der Juden bist.» Und er rettet sich nicht, er schreit mit lauter Stimme: «Mein Vater! Mein Vater! Warum hast du mich verlassen?» Und er stirbt.

BARIONA: Und er stirbt? So was! Der schöne Messias. Wir haben immerhin glänzendere gehabt, und alle sind sie in Vergessenheit geraten!

DER ZAUBERER: Dieser hier wird nicht so schnell vergessen werden! Ich sehe im Gegenteil viele Völker um seine Jünger versammelt. Und sein Wort wird über die Meere getragen bis nach Rom und weiter bis in die finsteren Wälder Galliens und Germaniens.

BARIONA: Was freut sie denn so? Sein verfehltes Leben oder sein schmählicher Tod?

DER ZAUBERER: Ich glaube, es ist sein Tod.

BARIONA: Sein Tod! Donnerwetter, wenn es möglich wäre, das zu verhindern... Aber nein, sollen sie doch selber zusehen. Sie werden es gewollt haben. *Pause.* Meine Männer! Meine Männer falten ihre groben, knotigen Hände und knien vor einem am Kreuz gestorbenen Sklaven. Gestorben, ohne auch nur einen Schrei des Aufstands, einen sanften, erstaunten Vorwurf wie einen Seufzer gehaucht zu haben. Krepiert wie eine Ratte in der Falle. Und meine Männer, meine eigenen Männer werden ihn anbeten. Los, gebt ihm seinen Beutel, und er soll verschwinden. Denn ich nehme an, du hast uns nichts mehr zu sagen?

DER ZAUBERER: Nichts mehr, gnädiger Herr. Danke, meine Herren. *Der Zauberer geht ab.*

LELIUS: Woher kommt Eure plötzliche Erregung?

BARIONA: Seht Ihr denn nicht, daß es sich um die Ermordung des jüdischen Volkes handelt? Wenn ihr Römer uns hättet strafen wollen, hättet ihr es nicht besser machen können. Also, redet offen: Ist er einer von Euch, dieser Messias, bezahlt ihn Rom?

LELIUS: Bedenkt, daß er bis jetzt erst zwölf Stunden lebt. Er ist doch etwas zu jung, um sich schon verkauft zu haben.

BARIONA: Ich sehe Jerevah vor mir, den starken, brutalen Jerevah, mehr Krieger als Hirte, mein Leutnant früher in den Kämpfen gegen Hebron, und ich stelle ihn mir vor, wie er ganz parfümiert und pomadisiert ist von dieser Religion. Er wird blöken wie ein Schaf... Ach! Darüber kann man nur lachen... Zauberer! Zauberer!

DER ZAUBERER: Gnädiger Herr?

BARIONA: Du sagst, die Menge wird seine Lehre annehmen?

DER ZAUBERER: Ja, gnädiger Herr.

BARIONA: O gedemütigtes Jerusalem!

LELIUS: Aber was habt Ihr denn?

BARIONA: Ich kenne nur eine Gekreuzigte, das ist Zion, Zion, die von den Euren, den Römern mit den Kupferhelmen, eigenhändig ans Kreuz genagelt worden ist. Und wir, wir haben immer geglaubt, es kommt der Tag, wo sie ihre gemarterten Füße und Hände vom Pfahl losreißt und blutig und stolz gegen ihre Feinde zieht. Und das war unser Glaube an den Messias. Ach! Wäre er doch gekommen, dieser Mensch mit dem unaushaltbaren Blick, in einer Rüstung aus funkelndem Eisen, hätte er mir doch ein Schwert in die rechte Hand gedrückt und zu mir gesagt: «Gürte deine Lenden und folge mir!» Wie wäre ich ihm gefolgt ins Schlachtgetümmel und hätte die Römerköpfe springen lassen, wie man auf dem Feld Mohnblumen köpft. Wir sind mit dieser Hoffnung aufgewachsen, wir bissen die Zähne zusammen, und wenn zufällig ein Römer durch unser Dorf kam, folgten wir ihm gern mit dem Blick und flüsterten lange hinter seinem Rücken, denn sein Anblick nährte den Haß in unseren Herzen. Ich bin stolz! Ich bin stolz, denn ich habe die Sklaverei niemals hingenommen und habe nie aufgehört, in mir das glühende Feuer des Hasses zu schüren. Und dieser Tage, als ich sah, daß unser blutarmes Dorf nicht mehr genug Kraft zum Aufstand hatte, wollte ich lieber, daß es sich ausrottet, um nicht sehen zu müssen, wie es sich unter das Joch der Römer beugt!

LELIUS: Reizend! Das ist die Art von Reden, denen man einen römischen Beamten aussetzt, wenn man ihn auf

Inspektionsreise in ein verlorenes Dorf schickt. Aber ich sehe nicht, was dieser Messias mit alldem zu tun hat.

BARIONA: Weil Ihr nicht verstehen wollt: wir erwarteten einen Soldaten, und man schickt uns ein mystisches Lamm, das uns Ergebenheit predigt und das zu uns sagt: «Macht es wie ich, sterbt an eurem Kreuz, ohne euch zu beklagen, in Sanftmut, um zu vermeiden, daß ihr bei euren Nachbarn Anstoß erregt. Seid sanft. Sanft wie Kinder. Leckt vorsichtig euer Leiden, wie ein geschlagener Hund seinen Herrn leckt, damit er ihm verzeiht. Seid demütig. Denkt, daß ihr eure Schmerzen verdient habt, und wenn sie zu stark sind, dann träumt, daß sie Prüfungen sind und euch läutern. Und wenn ihr in euch einen menschlichen Zorn hochkommen spürt, dann erstickt ihn. Sagt danke, immer danke. Danke, wenn man euch eine Ohrfeige gibt. Danke, wenn man euch einen Fußtritt gibt. Macht Kinder, um neue Hinterteile auf zukünftige Fußtritte vorzubereiten. Kinder von Alten, die schon ergeben geboren werden und ihre faltigen alten kleinen Schmerzen mit der gebührenden Demut hätscheln. Kinder, die ausdrücklich zum Leiden geboren sein werden wie ich: ich bin fürs Kreuz geboren. Und wenn ihr recht demütig und zerknirscht seid und wenn ihr euch voller Schuld fleißig an die Brust geschlagen habt, daß sie dröhnt wie Eselshaut, dann bekommt ihr vielleicht einen Platz im Reich der Demütigen, das im Himmel ist...» Das soll mein Volk werden: ein Volk williger Gekreuzigter. Was ist nur aus dir geworden, Jehova, Gott der Rache? Ach! Römer, wenn das wahr ist, hättet ihr uns nicht ein Viertel von dem angetan, was wir uns antun werden. Wir werden die lebendigen Quellen unserer Energie verstopfen, wir werden unser Urteil unterzeichnen. Die Ergebenheit wird uns töten, und die hasse ich noch mehr, als ich Euch hasse, Römer.

LELIUS: Heda, heda, Ihr habt den Verstand verloren, Vorsteher. Und in Eurer Verwirrung äußert Ihr bedauerliche Worte.

Bariona: Sei still! *Zu sich selbst:* Wenn ich das verhindern könnte... In ihnen die reine Flamme des Aufruhrs erhalten... O meine Männer! Ihr habt mich verlassen, und ich bin nicht mehr euer Vorsteher. Aber zumindest werde ich das für euch tun. Ich werde nach Bethlehem hinuntergehen. Die Frauen gehen langsamer, und ich weiß Abkürzungen, die sie nicht kennen: ich werde vor ihnen dort sein. Und man braucht nicht lange, stelle ich mir vor, einem Kind den schwachen Hals umzudrehen, und sei es der König der Juden! *Bariona geht ab.*

Lelius: Folgen wir ihm. Ich fürchte, er läßt sich zum Allerschlimmsten hinreißen. Da sieht man doch wieder das Leben eines Kolonialverwalters.

Vorhang

Der Bänkelsänger: Meine Herrschaften, ich habe darauf verzichtet, während der Szenen, die Sie eben gesehen haben, zu erscheinen, damit sich die Ereignisse von selber verknüpfen. Und Sie sehen, daß der Knoten fest geschürzt ist, denn unser Bariona läuft durch das Gebirge, um Christus zu töten. Aber jetzt haben wir einen Moment Zeit, denn alle unsere Personen sind unterwegs, die einen auf den Maultierwegen, die anderen auf den Ziegenpfaden. Das Gebirge wimmelt von frohen Menschen, und der Wind trägt die Echos ihrer Fröhlichkeit bis zu den Tieren der Gipfel. Ich werde die Zeit nützen, um Ihnen Christus im Stall zu zeigen, denn Sie werden ihn sonst nicht sehen: er tritt nicht auf im Stück, auch Josef und die Jungfrau Maria nicht. Aber da heute Weihnachten ist, haben Sie das Recht, zu verlangen, daß Ihnen die Krippe gezeigt wird. Hier ist sie. Hier ist die Jungfrau und hier Josef und hier das Jesuskind. Der Künstler hat seine ganze Liebe in dieses Bild gelegt, aber Sie werden es vielleicht etwas naiv finden. Sehen Sie, die Personen sind schön herausgeputzt, aber sie sind ganz steif: man könnte sie für Marionetten halten. Sie waren sicher nicht so. Wenn Sie wie ich geschlossene Augen hätten... Aber hören Sie: Sie müssen nur die Augen schließen und mir zuhören, und ich werde Ihnen sagen, wie ich sie in mir sehe. Die Jungfrau ist blaß und betrachtet das Kind. Was man auf ihr Gesicht malen müßte, ist eine ängstliche Verwunderung, wie sie nur einmal auf einem menschlichen Antlitz erschienen ist. Denn Christus ist ihr Kind, Fleisch von ihrem Fleisch und die Frucht ihres Leibes. Sie hat ihn neun Monate getragen, und sie wird ihm die Brust geben, und ihre Milch wird Gottes Blut werden. Und manchmal ist die Versuchung so stark, daß sie vergißt, daß er Gott ist. Sie drückt ihn an sich und sagt: Mein Kleiner! Aber dann wieder bleibt sie ganz sprachlos und denkt: Gott ist da – und sie fühlt sich von einem frommen Schauder ergriffen vor diesem stummen Gott, vor diesem erschreckenden Kind. Denn alle Mütter stehen manchmal so vor diesem rebellischen Stück ihres Fleisches, das ihr Kind ist, und fühlen sich verbannt zwei Schritte vor diesem neuen Leben, das man aus ihrem Leben gemacht hat und das fremde Gedanken bewohnen. Aber kein Kind ist grausamer und schneller seiner Mutter entrissen worden, denn es ist Gott und übersteigt in jeder Hinsicht alles, was sie sich vorstellen kann. Und es ist eine harte Prüfung für eine Mutter, sich ihrer selbst und ihres Menschseins vor ihrem Sohn zu schämen. Aber ich denke, daß es auch andere Momente gibt, kurze, flüchtige, in denen sie gleichzeitig spürt, daß Christus ihr Sohn ist, ihr Kleiner, und daß er Gott ist. Sie betrachtet ihn und denkt: «Dieser Gott ist mein Kind. Dieses göttliche Fleisch ist mein Fleisch. Er ist aus mir gemacht, er hat meine Augen, und diese Form seines Mundes ist auch die Form von meinem. Er sieht mir ähnlich. Er ist Gott, und er sieht mir ähnlich.» Und keine Frau hat ihren Gott derart für sich allein gehabt. Einen ganz kleinen Gott, den man in den Arm nehmen kann und mit Küssen be-

decken, einen ganz warmen Gott, der lächelt und atmet, einen Gott, den man berühren kann und der lebt. Und in einem dieser Momente würde ich Maria malen, wenn ich Maler wäre, und ich würde versuchen, den Ausdruck sanfter Kühnheit und Schüchternheit wiederzugeben, mit dem sie den Finger ausstreckt, um die zarte kleine Haut dieses Gotteskindes zu berühren, dessen warmes Gewicht sie auf den Knien spürt und das sie anlächelt. Das zu Jesus und zur Jungfrau Maria.
Und Josef? Josef würde ich nicht malen. Ich würde nur einen Schatten im Hintergrund der Scheune zeigen und zwei glänzende Augen. Denn ich weiß nicht, was ich über Josef sagen soll, und Josef weiß nicht, was er zu sich selbst sagen soll. Er betet an und ist glücklich, daß er anbeten kann, und er fühlt sich ein bißchen verbannt. Ich glaube, er leidet, ohne es sich einzugestehen. Er leidet, weil er sieht, wie sehr die Frau, die er liebt, Gott ähnlich ist, wie sehr sie schon auf Gottes Seite ist. Denn Gott ist wie eine Bombe in die Intimität dieser Familie geplatzt. Josef und Maria sind für immer getrennt durch diesen Ausbruch von Licht. Und sein ganzes Leben lang, stelle ich mir vor, wird Josef lernen müssen, sich damit abzufinden.
Meine Herrschaften, das zur Heiligen Familie. Jetzt werden wir die Geschichte Barionas wieder aufnehmen, denn Sie wissen, er will dieses Kind erwürgen. Er rennt, er eilt, und da ist er schon. Aber bevor er Ihnen gezeigt wird, ein kleines Weihnachtslied. Musik!

SECHSTES BILD
In Bethlehem, vor einem Stall

Erste Szene

Lelius und Bariona mit Laternen

Lelius: Uff! Meine Beine sind kaputt, und ich bin außer Atem. Ihr seid wie ein Irrlicht gerannt, mitten in der Nacht durchs Gebirge; ich hatte nur diese armselige Laterne.

Bariona *zu sich selbst*: Wir sind vor ihnen angekommen.

Lelius: Ich habe tausendmal gedacht, ich würde mir den Hals brechen.

Bariona: Wollte Gott, Ihr lägt in der Tiefe eines Abgrunds mit gebrochenen Knochen. Ich hätte Euch mit meinen eigenen Händen hinabgestoßen, wenn ich nicht durch andere Sorgen abgelenkt gewesen wäre. *Pause*. Also hier ist es. Man sieht einen Lichtschein, der unter der Tür durchdringt. Man hört kein Geräusch. Dort ist er, hinter dieser Bretterwand, der König der Juden! Dort ist er. Die Sache wird gleich erledigt sein.

Lelius: Was werdet Ihr tun?

Bariona: Wenn sie kommen, werden sie ein totes Kind vorfinden.

Lelius: Ist das möglich? Habt Ihr wirklich dieses abscheuliche Unternehmen im Sinn? Genügt es Euch nicht, daß Ihr Euer eigenes Kind habt töten wollen?

Bariona: Ist es nicht der Tod des Messias, den sie anbeten sollen? Na also, ich beschleunige ihn um dreiunddreißig Jahre, diesen Tod. Und ich erspare ihm die schmählichen Schrecken des Kreuzes. Eine kleine violette Leiche auf Stroh! Sollen sie vor ihr knien, wenn sie wollen. Eine kleine Leiche in Windeln. Und es wird für immer Schluß

sein mit diesen schönen Predigten von Ergebenheit und Opfergeist.
LELIUS: Seid Ihr fest entschlossen?
BARIONA: Ja.
LELIUS: So werde ich Euch meine Reden ersparen. Aber gestattet zumindest, daß ich gehe. Ich habe nicht mehr Kraft genug, diesen Mord zu verhindern; Ihr würdet mir noch obendrein die Kehle durchschneiden, und es entspricht nicht der Würde eines römischen Bürgers, mit durchschnittenem Hals nachts auf einer Straße Judas zu liegen. Aber ich kann auch eine solche Abscheulichkeit durch meine Gegenwart nicht billigen. Ich werde das Prinzip meines Vorgesetzten, des Prokurators, anwenden: Laßt die Juden allein zurechtkommen. Ich grüße Euch. *Er geht ab.*
Bariona, allein, nähert sich der Tür. Er will eintreten. Markus tritt auf.

ZWEITE SZENE

Markus, Bariona

MARKUS *mit einer Laterne*: Holla, guter Mann. Was wollt Ihr denn hier?
BARIONA: Gehört Euch dieser Stall?
MARKUS: Ja.
BARIONA: Beherbergt Ihr nicht einen Mann namens Josef und eine Frau namens Maria?
MARKUS: Ein Mann und eine Frau haben mich vorgestern um Unterkunft gebeten. Sie schlafen da, so ist es.
BARIONA: Ich suche meine Verwandten aus Nazareth, die wegen der Volkszählung hierherkommen müssen. Die Frau ist schwanger, nicht wahr?
MARKUS: Ja. Es ist eine ganz junge Frau, bescheiden und mit dem Lächeln und dem Respekt eines Kindes. Aber in

ihrer Bescheidenheit ist ein Stolz, wie ich ihn bei noch niemandem gesehen habe. Wissen Sie, daß sie letzte Nacht niedergekommen ist?

BARIONA: Wirklich? Ich bin glücklich, wenn es meine Cousine ist. Ist es gutgegangen?

MARKUS: Es ist ein Sohn. Ein schöner Kleiner. Meine Mutter sagt, ich hätte ihm ähnlich gesehen in diesem Alter. Und wie sie ihn zu lieben scheinen! Kaum entbunden, hat die Mutter ihn gewaschen und auf den Schoß genommen. Da lehnt sie ganz blaß an einem Balken und betrachtet ihn wortlos. Und er, der Mann, ist nicht mehr ganz jung, nicht wahr? Er weiß, daß dieses Kind durch alle Leiden hindurchgehen muß, die er schon erfahren hat. Und ich stelle mir vor, daß er denken muß: Vielleicht gelingt ihm, was ich verpaßt habe.

BARIONA: Ich weiß nicht. Ich habe keinen Sohn.

MARKUS: Dann geht es Euch wie mir. Und ich bedaure Euch. Ihr werdet nie den Blick haben, diesen leuchtenden und etwas komischen Blick eines Mannes, der sich im Hintergrund hält, gehemmt durch seinen großen Körper, und bedauert, nicht die Geburtswehen für seinen Sohn erlitten zu haben.

BARIONA: Wer bist du? Und warum sprichst du so zu mir?

MARKUS: Ich bin ein Engel, Bariona. Ich bin dein Engel. Töte dieses Kind nicht.

BARIONA: Geh weg.

MARKUS: Ja. Ich gehe. Denn wir Engel vermögen nichts gegen die Freiheit der Menschen. Aber denke an Josefs Blick. *Er geht ab.*

DRITTE SZENE

BARIONA *allein*: Ich kann mit Engeln nichts anfangen! Und auch nichts mit Ergebenheit! Es ist Zeit, denn die anderen werden bald da sein. Und das wird die letzte Heldentat Barionas sein: ein Kind erwürgen. *Er öffnet die Tür einen Spalt.* Die Lampe qualmt, die Schatten steigen bis zur Decke wie große sich bewegende Pfeiler. Die Frau dreht mir den Rücken zu, und ich sehe das Kind nicht: es ist auf ihrem Schoß, stelle ich mir vor. Aber ich sehe den Mann. Es ist wahr: wie er sie ansieht! Mit was für Augen! Was kann da alles sein, hinter diesen beiden hellen Augen, hell wie zwei Abwesenheiten in diesem festen, zerfurchten Gesicht? Welche Hoffnung? Nein, das ist keine Hoffnung. Und auch keine Ergebenheit. Und welche Schreckenswolken würden aus ihm aufsteigen und diese beiden Himmelsflecke verdunkeln, wenn er sähe, daß ich sein Kind erwürge. Gut, das Kind habe ich nicht gesehen, aber ich weiß schon, daß ich es nicht anrühren werde. Wenn ich den Mut hätte finden wollen, dieses junge Leben zwischen meinen Fingern auszulöschen, hätte ich es nicht vorher in den Augen seines Vaters wahrnehmen dürfen. So bin ich denn besiegt. *Schreie der Menge.* Da sind sie. Ich will nicht, daß sie mich erkennen. *Er verdeckt sein Gesicht mit dem Mantel und hält sich abseits.*

Vierte Szene

Bariona, die Menge

DIE MENGE: Hosianna! Hosianna!
KAIPHAS: Da ist der Stall!
Eine große Stille.
SARAH: Dort ist das Kind. In diesem Stall.
KAIPHAS: Gehen wir hinein, laßt uns vor ihm niederknien und es anbeten.
PAULUS: Und wir sagen seiner Mutter, daß gleich nach uns der Zug der Heiligen Drei Könige kommt.
CHALAM: Ich werde seine Händchen küssen und mich ganz

verjüngt finden, als hätte ich meine alten Knochen in einem Jungbrunnen gebadet.

KAIPHAS: He ihr! Sammelt eure Geschenke, und halten wir uns bereit, sie seiner Heiligen Mutter zu geben, um ihn zu ehren. Ich bringe ihm Schafsmilch in meiner Feldflasche.

PAULUS: Und ich zwei große Knäuel Wolle, die ich selbst vom Rücken meiner Schafe geschoren habe.

ERSTER ÄLTESTER: Und ich diese alte Silbermedaille, die mein Großvater bei einem Wettschießen gewonnen hat.

DER ZÖLLNER: Und ich gebe ihm den Esel, der mich bis hierher getragen hat.

ERSTER ÄLTESTER: Es wird dich nicht viel gekostet haben, dein Geschenk, das ist der Esel des Römers.

DER ZÖLLNER: Ein Grund mehr. Dem, der uns gerade von Rom befreit hat, kann ein den Römern gestohlener Esel ja nur recht sein.

PAULUS: Und du, Simon, was schenkst du unserem Herrn?

SIMON: Heute schenke ich ihm nichts, denn es kam zu überraschend. Aber ich habe ein Lied komponiert, in dem ich ihm alle Geschenke aufzähle, die ich ihm noch machen werde.

O Jesulein süß...

DIE MENGE: Eia! Eia!

ERSTER ÄLTESTER: Ruhe, laßt uns geordnet hineingehen, und nehmt den Hut in die Hand. Wenn eure Kleider durch den Marsch im Wind unordentlich sind, bringt sie wieder in Ordnung.

Sie gehen hintereinander hinein.

BARIONA: Sarah ist da, bei den anderen. Sie ist blaß... Wenn der lange Marsch sie nur nicht erschöpft hat. Ihre Füße bluten. Ach, wie froh sie aussieht! Hinter diesen leuchtenden Augen ist auch nicht die kleinste Erinnerung an mich geblieben. *Die Menge ist im Stall.* Was machen sie? Man hört kein Geräusch mehr, aber diese Stille ist nicht die unserer Berge, die eisige Stille, die in der dünnen Luft zwischen den Granitblöcken herrscht. Das ist eine dichtere Stille als die des Waldes. Eine Stille, die sich in den Himmel erhebt und zu den Sternen rauscht wie ein grosser alter Baum, dessen Wipfel sich im Wind wiegt. Sind sie niedergekniet? Ach, könnte ich unter ihnen sein, unsichtbar: denn es muss eigentlich ein ungewöhnliches Schauspiel sein; alle diese harten und ernsten Männer, versessen auf Mühe und Gewinn, die vor einem schreienden Kind knien. Der Sohn Chalams, der seinen Vater mit fünfzehn Jahren verliess, weil er zuviel Maulschellen bekommen hatte, er würde lachen, wenn er ihn ein Kind anbeten sähe. Wird das die Herrschaft der Kinder über die Eltern bedeuten? *Schweigen.* Da sind sie, naiv und glücklich, im warmen Stall, nach ihrem langen Marsch durch die Kälte. Sie haben die Hände gefaltet und denken: Etwas hat angefangen. Und sie täuschen sich natürlich, sie sind in eine Falle gegangen, und sie werden das später teuer bezahlen; aber trotzdem, diese Minute werden sie erlebt haben; sie haben Glück, an einen Anfang glauben zu können. Was ist rührender für ein Menschenherz als der Anfang einer Welt und die Jugend voller Ungewissheit und der Anfang einer Liebe, wenn alles noch möglich ist, wenn die Sonne, noch bevor sie sich gezeigt hat, in der Luft und auf den Gesichtern anwesend ist wie feiner Staub und man in der prickelnden Frische des Morgens schon die schweren Verheissungen des Tages spürt. In diesem Stall bricht ein Morgen an... In diesem Stall ist es Morgen. Und hier draussen ist es Nacht. Nacht auf der Strasse und in meinem Herzen. Eine Nacht ohne Sterne, tief und stürmisch wie die hohe See. Ja, ich werde von der Nacht geschaukelt wie ein Fass von den Wogen, und hinter mir ist der erleuchtete, verschlossene Stall, wie die Arche Noah treibt er auf der Nacht und birgt den Morgen der Welt. Ihren ersten Morgen. Denn einen Morgen hatte es nie gegeben. Sie war ihrem unwilligen Schöpfer aus den Händen gefallen und stürzte in einen glühenden Ofen, ins Schwarze, und die großen, brennenden Zungen dieser Nacht ohne Hoffnung strichen über sie, bedeckten sie mit Brandblasen und ließen Asseln und Wanzen sich hemmungslos vermehren. Und ich bleibe in der großen irdischen Nacht, in der tropischen Nacht des Hasses und des Unglücks. Aber – o trügerische Macht des Glaubens – für meine Männer bricht in diesem Stall, bei der Helligkeit einer Kerze, Jahrtausende nach der Schöpfung der erste Morgen der Welt an. *Die Menge singt ein Weihnachtslied.* Sie singen wie Pilger, die sich in kühler Nacht mit Bettelsack, Sandalen und Wanderstab aufgemacht haben und in der Ferne das erste fahle Dämmern sehen. Sie singen, und dieses Kind ist da, zwischen ihnen, wie die fahle Sonne des Ostens; die Sonne der ersten Stunden, der man noch ins Gesicht sehen kann. Ein ganz nacktes Kind von der Farbe der aufgehenden Sonne. Ach, eine schöne Lüge. Ich gäbe meine rechte Hand, wenn ich daran glauben könnte, und sei es nur einen Moment lang. Ist es meine Schuld, Herr, wenn du mich geschaffen hast als Nachttier und mir das schreckliche Geheimnis ins Fleisch geschrieben hast: Es wird nie einen Morgen geben? Ist es meine Schuld, wenn ich weiß, daß dein Messias ein armer Schlucker ist, der am Kreuz sterben wird, wenn ich weiß, daß Jerusalem immer gefangen sein wird? *Zweites Weihnachtslied.* Sieh da, sie singen, und ich stehe allein auf der Schwelle zu ihrer Freude, geblendet vom Licht blinzle ich wie eine Eule. Sie haben mich verlassen, und meine Frau ist bei ihnen, sie freuen sich und haben vergessen, daß es mich überhaupt gibt. Mein Weg ist auf der Seite der Welt, die zu Ende geht, und sie sind auf der Seite der Welt, die beginnt. Am Rand ihrer Freude und ihres Gebets fühle ich mich noch einsamer als in meinem ausgestorbenen Dorf. Und ich bereue, zu den Menschen hinuntergegangen zu sein, denn ich finde nicht mehr genug Haß in mir. Ach, warum ist der Stolz des Menschen wie Wachs, und warum genügen die ersten

Strahlen des Morgenrots, ihn zu schmelzen? Ich möchte
ihnen sagen: Ihr geht der schändlichen Ergebenheit entgegen, dem Tod eures Muts, ihr werdet sein wie Frauen
und Sklaven, und wenn man euch auf eine Backe schlägt,
werdet ihr die andere hinhalten. Und ich schweige, ich
rühre mich nicht, ich habe nicht den Mut, ihnen dieses
gesegnete Vertrauen in die Kraft des Morgens zu nehmen.
Drittes Weihnachtslied.
Die Heiligen Drei Könige kommen.

FÜNFTE SZENE

Bariona, die Heiligen Drei Könige

BALTHASAR: Bist du's, Bariona? Ich dachte mir schon, daß
ich dich hier wiederfinden würde.
BARIONA: Ich bin nicht euren Christus anbeten gekommen.
BALTHASAR: Nein, aber dich selbst zu bestrafen und allein
am Rande unserer glücklichen Menge zu bleiben wie die
Männer, die heute nacht an seine Strohwiege gelaufen
sind; sie werden ihn verraten, wie sie dich verraten haben. Sie überhäufen ihn jetzt mit ihren Geschenken und
ihrer Zärtlichkeit, aber kein einziger ist unter ihnen, kein
einziger, hörst du, der ihn nicht verließe, wenn er die Zukunft kennen würde. Denn er wird sie enttäuschen, alle,
Bariona. Sie erwarten von ihm, daß er die Römer verjagt,
und die Römer werden nicht verjagt werden, daß er Blumen und Früchte auf dem Fels wachsen läßt, und der Fels
wird unfruchtbar bleiben, daß er dem menschlichen Leid
ein Ende macht, und in zweitausend Jahren wird man so
leiden wie heute.
BARIONA: Genau das habe ich ihnen gesagt.
BALTHASAR: Ich weiß. Und deshalb spreche ich zu dir in
diesem Moment, denn du bist Christus näher als sie alle,

und deine Ohren können sich öffnen, um die wirkliche frohe Botschaft zu empfangen.

BARIONA: Und was ist das für eine frohe Botschaft?

BALTHASAR: Höre: Christus wird in seinem Fleisch leiden, weil er Mensch ist. Aber er ist auch Gott, und mit all seiner Göttlichkeit ist er jenseits dieses Leidens. Und wir, die nach dem Bilde Gottes geschaffenen Menschen, wir sind jenseits all unserer Leiden, insofern wir Gott ähnlich sind. Siehst du: Bis heute nacht waren die Augen des Menschen verschlossen durch sein Leid wie die des Tobias durch den Kot der Vögel. Er sah nur das, und er sah nicht sich, er wußte nicht, daß er ein Mensch war, und er hielt sich für ein verletztes und schmerzverzerrtes Tier, das durch den Wald springt, um seiner Wunde zu entfliehen, und sein Leid überallhin mitnimmt. Und du, Bariona, warst ein Mensch des alten Gesetzes. Du hast dein Leid mit Bitterkeit betrachtet und gesagt: Ich bin tödlich verletzt; und du wolltest dich auf die Seite legen und den Rest deines Lebens im Nachdenken über das Unrecht, das man dir angetan hatte, verbringen. Christus ist aber gekommen, um euch zu erlösen; er ist gekommen, um zu leiden und um euch zu zeigen, wie man umgehen muß mit dem Leid. Denn man soll sich weder darauf versteifen noch seine Ehre darein legen, mehr zu leiden als die anderen, noch auch sich ihm ergeben. Das Leiden ist etwas ganz Natürliches und Gewöhnliches, und man sollte es hinnehmen, als gebühre es einem, und sollte nicht zuviel darüber sprechen, und sei es auch mit sich selbst. Komm mit ihm so schnell wie möglich ins reine; laß es einziehen ins Warme, in die Tiefe deines Herzens wie einen Hund, der sich neben den Herd legt. Denke nicht darüber nach, außer daß es da ist, wie dieser Stein da ist auf der Straße, wie die Nacht da ist um uns. Dann wirst du die Wahrheit entdecken, die Christus dich lehren will und die du schon wußtest: nämlich daß du nicht dein Leiden bist. Was du auch tust und wie du es auch betrachtest, du überschreitest es unendlich, denn es ist genau das, was du willst, daß es sei. Ob du dich an es schmiegst wie eine Mutter sich an den eisigen Leib ihres Kindes, um es zu erwärmen, oder ob du dich im Gegenteil gleichgültig von ihm abwendest, du bist es, der ihm seinen Sinn gibt und es zu dem macht, was es ist. Denn an sich ist es nichts als menschliche Materie, und Christus ist gekommen, dich zu lehren, daß du dir gegenüber für dein Leiden verantwortlich bist. Es ist von der Art der Steine und Wurzeln, all dessen, was ein Gewicht hat und natürlicherweise nach unten strebt, und es verwurzelt dich auf dieser Erde, seinetwegen lastest du schwer auf dem Weg und stampfst den Boden mit deinen Fußsohlen. Aber du bist jenseits deines eigenen Leidens, denn du gestaltest es nach Belieben, du bist leicht, Bariona. Ach, wenn du wüßtest, wie leicht ein Mensch ist. Und wenn du deinen Teil Schmerz hinnimmst wie dein täglich Brot, dann bist du jenseits davon. Und alles, was jenseits deines Anteils an Leiden und jenseits deiner Sorgen ist, all das gehört dir, alles, alles, was leicht ist, das heißt die Welt. Die Welt und du selbst, Bariona, denn du bist dir selbst ein ständig unverbindliches Geschenk. Du leidest, und ich habe kein Erbarmen mit deinem Leid: warum solltest du auch nicht leiden? Aber um dich ist diese schöne tiefschwarze Nacht, und da sind diese Lieder im Stall und diese schöne trockene und strenge Kälte, erbarmungslos wie eine Kraft, und all das gehört dir. Sie erwartet dich, diese schöne finsterniserfüllte Nacht, die von Lichtern durchzogen wird, so wie das Meer von Fischen durchstreift wird. Sie erwartet dich am Wegesrand, schüchtern und sanft, denn Christus ist gekommen, um sie dir zu schenken. Wirf dich zum Himmel, und du wirst frei sein, o überschüssiges Geschöpf unter allen überschüssigen Geschöpfen, frei und ganz aufgeregt, ganz erstaunt, daß du mitten im Herzen Gottes lebst, im Reich Gottes, das ist im Himmel und auch auf Erden.

Bariona: Ist Christus gekommen, um uns das zu lehren?
Balthasar: Er hat auch eine Botschaft für dich.
Bariona: Für mich?
Balthasar: Für dich. Er ist gekommen, um dir zu sagen: Laß dein Kind geboren werden; es wird zwar leiden. Aber das betrifft dich nicht. Hab kein Erbarmen mit seinen Leiden, du hast nicht das Recht dazu. Es allein wird damit zu tun haben, und es wird damit genau das machen, was es will, denn es wird frei sein. Selbst wenn es hinkt, selbst wenn es in den Krieg muß und seine Beine oder seine Arme verliert, selbst wenn es von der, die es liebt, siebenmal verraten wird, ist es frei, frei, sich seines Lebens ewig zu erfreuen. Du sagtest mir vorhin, daß Gott nichts vermag gegen die Freiheit des Menschen, und das ist wahr. Aber wie denn? Eine neue Freiheit wird sich in den Himmel erheben wie ein großer eherner Pfeiler, und du würdest das verhindern wollen? Christus ist geboren für alle Kinder der Welt, Bariona, und jedesmal, wenn ein Kind geboren wird, wird Christus in ihm und durch es geboren, um ewig mit ihm verhöhnt zu werden durch alle Schmerzen und um in ihm und durch es allen Schmerzen ewig zu entgehen. Er kommt, um den Blinden, den Arbeitslosen, den Krüppeln und den Kriegsgefangenen zu sagen: Ihr dürft nicht darauf verzichten, Kinder zu machen. Denn selbst für Blinde, Arbeitslose, Kriegsgefangene und Krüppel gibt es Freude.
Bariona: Ist das alles, was du mir zu sagen hattest?
Balthasar: Ja.
Bariona: Gut. Dann geh auch du in diesen Stall, und laß mich allein, denn ich will nachdenken und mich mit mir selbst unterhalten.
Balthasar: Auf Wiedersehn, Bariona, du erster Jünger Christi...
Bariona: Laß mich. Sag nichts mehr. Geh.

Balthasar ab. Bariona bleibt allein.

Sechste Szene

Bariona *allein*: Frei... Ach! in deine Weigerung verkrampftes Herz, ich sollte dich lockern und öffnen, ich sollte hinnehmen... Ich sollte in diesen Stall gehen und niederknien. Es wäre das erste Mal in meinem Leben. Hineingehen, abseits von den anderen, die mich verraten haben, in einer dunklen Ecke knien... und dann würden mir der eisige Mitternachtswind und das unendliche Reich dieser heiligen Nacht gehören. Ich wäre frei, frei. Frei gegen Gott und für Gott, gegen mich selbst und für mich selbst... *Er geht ein paar Schritte. Chor im Stall.* Ach! Wie schwer es ist...

SIEBTES BILD

Erste Szene

Jerevah: Sie werden nicht fliehen können. Von Süden und von Norden kommen Truppen und nehmen Bethlehem in die Zange.

Paulus: Man könnte Josef vorschlagen, über unsere Berge zurückzukehren. Da oben wäre er geschützt.

Kaiphas: Unmöglich. Der Weg über die Berge trifft gut sieben Meilen von hier auf die große Straße. Die Truppen, die aus Jerusalem kommen, werden vor uns da sein.

Paulus: Also... Wenn nicht ein Wunder...

Kaiphas: Es wird kein Wunder geschehen: der Messias ist noch zu klein, er versteht noch nichts. Er wird den eisengepanzerten Mann anlächeln, der sich über seine Wiege beugen wird, um ihm das Herz zu durchbohren.

Chalam: Sie werden in alle Häuser gehen, die Neugeborenen an den Füßen packen und ihre Köpfe an der Wand zerschmettern.

Ein Jude: Blut, immer wieder Blut, o weh!

Die Menge: O weh!

Sarah: Mein Kind, mein Gott, mein Kleiner! Du, den ich schon liebte, als sei ich deine Mutter, und den ich anbetete wie deine Magd. Du, den ich hätte gebären wollen unter Schmerzen, o Gott, der du dich zu meinem Sohn gemacht hast, o Sohn aller Frauen, die Menschen, die Männer werden dich leiden machen. Du warst mein, mein, du gehörtest mir schon mehr als diese Leibesfrucht, die in meinem Leib aufblüht. Du warst mein Kind und das Schicksal dieses Kindes, das in mir schläft, und siehe, sie haben sich aufgemacht, um dich zu töten. Denn es sind immer die Männer, die uns peinigen, zu ihrem Vergnügen, und die unsere Kleinen leiden lassen. O Gottvater,

Herr, der du mich siehst, Maria ist im Stall, noch glücklich und geheiligt, und sie kann dich nicht bitten, ihren Sohn zu beschützen, denn sie ahnt noch nichts. Und die Mütter Bethlehems sind glücklich in ihren Häusern, im Warmen, sie lächeln ihren kleinen Kindern zu und wissen nichts von der Gefahr, die auf sie zukommt. Aber ich, die ich allein bin auf dem Weg und noch kein Kind habe, sieh mich an, denn du hast mich ausgewählt in diesem Augenblick, die Todesangst aller Mütter auszustehen. O Herr, ich leide und winde mich wie ein zerschnittener Wurm, meine Angst ist maßlos und wie der Ozean; Herr, ich bin alle Mütter und sage dir: Nimm mich, quäle mich, stich mir die Augen aus, reiß mir die Nägel aus, aber rette ihn! Rette den König Judas, rette deinen Sohn und rette auch unsere Kleinen.
Schweigen.

KAIPHAS: Also du hattest recht, Bariona. Immer ist alles übel ausgegangen, und so geht es weiter. Kaum sieht man ein schwaches Licht, schon blasen die Mächtigen der Erde hinein, um es auszulöschen.

CHALAM: Dann stimmte es also nicht, daß Orangenbäume auf den Berggipfeln wachsen würden und daß wir nichts mehr zu tun haben würden und daß ich mich verjüngen würde?

BARIONA: Nein, das stimmte nicht.

KAIPHAS: Und es stimmte nicht, daß Friede auf Erden sein würde für die Menschen guten Willens?

BARIONA: O doch! Das stimmte. Wenn ihr wüßtet, wie das stimmte!

CHALAM: Ich verstehe nicht, was du meinst. Aber ich weiß, daß du vorgestern recht hattest, als du uns predigtest, keine Kinder mehr zu machen. Unser Volk ist verflucht. Siehe, die Frauen im Flachland haben geboren, und man erwürgt die Neugeborenen in ihren Armen.

KAIPHAS: Wir hätten auf dich hören und nie in die Stadt hinuntergehen sollen. Denn was in den Städten passiert, ist gar nichts für uns.

Jerevah: Kehren wir nach Bethsur zurück, und du, Bariona, strenger, aber weitsichtiger Herr, vergib uns unsere Schuld, und nimm deinen Platz an unserer Spitze wieder ein.
Alle: Ja, ja! Bariona! Bariona!
Bariona: O kleingläubige Männer. Ihr habt mich verraten für den Messias, und beim ersten Windhauch verratet ihr jetzt den Messias und kommt zu mir zurück.
Alle: Vergib uns, Bariona.
Bariona: Bin ich wieder euer Vorsteher?
Alle: Ja, ja.
Bariona: Werdet ihr blind meine Befehle ausführen?
Alle: Wir schwören es.
Bariona: Dann hört, was ich euch befehle: Du, Simon, geh und warne Maria und Josef! Sag ihnen, sie sollen Lelius' Esel satteln und dem Weg folgen bis zur Kreuzung. Du führst sie. Du läßt sie den Weg durchs Gebirge nehmen bis Hebron. Dann sollen sie in nördlicher Richtung wieder absteigen: der Weg ist frei.
Paulus: Aber, Bariona, die Römer werden vor ihnen an der Kreuzung sein?
Bariona: Nein, denn wir anderen werden ihnen entgegenziehen und sie zurückdrängen. Wir werden sie lange genug aufhalten, damit Josef vorbei kann.
Paulus: Was sagst du?
Bariona: Wolltet ihr euren Christus nicht? Wer soll ihn denn retten, wenn nicht ihr?
Kaiphas: Aber sie werden uns alle töten. Wir haben nur Stöcke und Messer.
Bariona: Befestigt eure Messer an der Spitze eurer Stöcke, und verwendet sie wie Spieße.
Chalam: Wir werden alle umgebracht.
Bariona: Ja! Ich denke auch, wir werden alle umgebracht. Aber hört, ich glaube jetzt an euren Christus. Es stimmt; Gott ist auf die Erde gekommen. Und jetzt fordert er von euch dieses Opfer. Werdet ihr es ihm verwei-

gern? Werdet ihr eure Kinder hindern, seine Lehre zu empfangen?
PAULUS: Bariona, du, der Skeptiker, der sich lange weigerte, den Heiligen Drei Königen zu folgen, glaubst du wirklich, daß dieses Kind...?
BARIONA: Ich sage euch die Wahrheit: Dieses Kind ist Christus.
PAULUS: Dann folge ich dir.
BARIONA: Und ihr, meine Gefährten? Ihr trauertet oft den blutigen Schlägereien unserer Jugend mit den Leuten von Hebron nach. Jetzt ist wieder die Zeit zum Kämpfen, die Zeit der roten Ernte und der Blutstropfen, die aus den offenen Wunden perlen. Werdet ihr euch weigern zu kämpfen? Wollt ihr lieber am Elend und am Alter sterben in eurem Adlernest da oben?
ALLE: Nein! Nein! Wir folgen dir, wir werden Christus retten. Hurra!
BARIONA: O meine Gefährten, ich finde euch wieder, und ich liebe euch. Geht, laßt mich einen Moment allein, denn ich will mir einen Angriffsplan ausdenken. Lauft in die Stadt, und sammelt alle Waffen, die ihr finden könnt!
ALLE: Es lebe Bariona!
Sie gehen ab.

ZWEITE SZENE

Bariona, Sarah

SARAH: Bariona...
BARIONA: Meine süße Sarah!
SARAH: Verzeih mir, Bariona!
BARIONA: Ich habe dir nichts zu verzeihen. Christus rief dich, und du bist ihm auf der Hauptstraße entgegengegangen. Und ich bin gewundeneren Wegen gefolgt. Aber schließlich haben wir uns wiedergefunden.

SARAH: Willst du wirklich sterben...? Christus fordert im Gegenteil, daß man lebt...
BARIONA: Ich will nicht sterben. Ich habe keine Lust zu sterben. Ich möchte leben und mich dieser Welt erfreuen, die mir offenbart ist, und dir helfen, unser Kind aufzuziehen. Aber ich möchte verhindern, daß man unseren Messias tötet, und ich glaube, ich habe keine Wahl: Ich kann ihn nur schützen, wenn ich mein Leben hingebe.
SARAH: Ich liebe dich, Bariona.
BARIONA: Sarah! Ich weiß, daß du mich liebst, und ich weiß auch, daß du dein zukünftiges Kind noch mehr liebst als mich. Aber das macht mich nicht bitter, Sarah, wir werden uns ohne Tränen verabschieden. Du mußt dich im Gegenteil freuen, denn Christus ist geboren, und dein Kind wird geboren werden.
SARAH: Ich kann nicht ohne dich leben...
BARIONA: Sarah! Im Gegenteil, du mußt dich ans Leben klammern voller Eifer und Gier, für unser Kind. Ziehe es auf, ohne ihm etwas zu verbergen vom Elend der Welt, und wappne es dagegen. Und ich gebe dir eine Botschaft für es mit. Später, wenn es groß ist, nicht gleich, nicht beim ersten Liebesleid, nicht bei der ersten Enttäuschung, viel später, wenn es seine unermeßliche Einsamkeit und seine Verlassenheit spürt, wenn es dir von einem gewissen bitteren Geschmack, den es tief im Mund hat, spricht, dann sag ihm: Dein Vater hat alles erlitten, was du erleidest, und er ist mit Freuden gestorben.
SARAH: Mit Freuden...
BARIONA: Mit Freuden! Ich schäume über vor Freude wie ein zu voller Kelch. Ich bin frei, ich halte mein Schicksal in meinen Händen. Ich marschiere gegen die Soldaten des Herodes, und Gott marschiert an meiner Seite. Ich bin leicht, Sarah, ich bin leicht, ach, wenn du wüßtest, wie leicht ich bin! O Freude, Freude! Tränen der Freude! Leb wohl, süße Sarah. Hebe deinen Kopf und lächle mir

zu. Wir müssen froh sein: Ich liebe dich, und Christus ist
geboren.
Sarah: Ich werde froh sein. Leb wohl, Bariona.
Die Menge kommt wieder.

Dritte Szene

Dieselben, die Menge

Paulus: Wir sind bereit, dir zu folgen, Bariona.
Alle: Wir sind bereit.
Bariona: Meine Gefährten, Soldaten Christi, ihr seht wild
und entschlossen aus, und ich weiß, daß ihr euch gut
schlagen werdet. Aber ich will von euch noch mehr als
diese finstere Entschlossenheit. Ich will, daß ihr mit
Freuden sterbt. Christus ist geboren, o meine Männer,
und ihr werdet euer Schicksal erfüllen. Ihr werdet als
Krieger sterben, wie ihr es erträumtet in eurer Jugend,
und ihr werdet für Gott sterben. Es wäre unpassend,
diese düsteren Mienen zu behalten. Kommt, trinkt ein
Gläschen Wein, ich erlaube es euch, und dann laßt uns
marschieren gegen die Söldner des Herodes, laßt uns
marschieren, trunken von Liedern, Wein und Hoffnung.
Die Menge: Bariona, Bariona! Weihnacht, Weihnacht!
Bariona *zu den Gefangenen*: Und nun, ihr Gefangenen, ist
dieses Weihnachtsspiel, das für euch geschrieben wurde,
zu Ende. Ihr seid nicht glücklich, und vielleicht gibt es
mehr als einen, der in seinem Mund diesen Geschmack
von Galle, diesen bitteren und salzigen Geschmack gespürt hat, von dem ich spreche. Aber ich glaube, daß es
auch für euch an diesem Weihnachtstag – und an allen
andern Tagen – noch Freude gibt!

Jean-Paul Sartre über
Bariona

Wenn ich meinen Stoff der christlichen Mythologie entnommen habe, so bedeutet das nicht, daß sich die Richtung meines Denkens während der Gefangenschaft auch nur einen Moment lang geändert hat. Es ging einfach darum, in Übereinstimmung mit den gefangenen Priestern einen Stoff zu finden, der an diesem Weihnachtsabend die breiteste Gemeinschaft von Christen und Nichtchristen herstellen konnte.

Für mich war das Wichtigste bei dieser Erfahrung, daß ich als Gefangener mich an die anderen Gefangenen würde wenden und über unsere gemeinsamen Probleme würde sprechen können. Der Text war voller Anspielungen auf die damalige Situation und für jeden von uns völlig klar. Der Gesandte Roms in Jerusalem war nach unserer Vorstellung der Deutsche. Unsere Bewacher sahen in ihm den Engländer in seinen Kolonien!

Quellennachweis

Bariona, ou Le fils du tonnerre (*Bariona oder Der Sohn des Donners*) in: Michel Contat/Michel Rybalka, *Les écrits de Sartre*, Gallimard, Paris 1970, 565–633. Diese Fassung wurde nach einem Bühnenmanuskript neu durchgesehen von Michel Rybalka. Deutsch unter dem Titel *Bariona oder der Donnersohn* in der Übersetzung von Gotthold Hasenhüttel zuerst erschienen in: Gotthold Hasenhüttel, *Gott ohne Gott. Ein Dialog mit Jean-Paul Sartre*, Styria, Graz/Wien/Köln 1972, 263–336. Die *Neuübersetzung* von Andrea Spingler erschien zuerst in: Marius Perrin, *Mit Sartre im deutschen Kriegsgefangenenlager*, Rowohlt Taschenbuch Verlag, Reinbek 1983, rororo 5267.

Jean-Paul Sartre über *Bariona*: Aus einem Brief Sartres an Yves Frontier vom 31. Oktober 1962, in dem er die Veröffentlichung genehmigte. Wiederabgedruckt in: Jean-Paul Sartre, *Un théâtre de situations* (herausgegeben von Michel Contat und Michel Rybalka), Gallimard, Paris 1973, 220f und aus: *Le théâtre de A jusqu'à Z: Jean-Paul Sartre*, Interview mit Paul-Louis Mignon in: *L'Avant-Scène Théâtre* Nr. 402/403 (Sartre-Sondernummer), 1.–15. Mai 1968. *Erstübersetzung.*

Nachwort

Eine seltsame, außergewöhnliche Geschichte erlebte dieses Weihnachtsspiel, das Sartre Ende 1940 schrieb, inszenierte und mit seinen Lagerkameraden spielte, als er im Stalag 12 D auf dem Petrisberg bei Trier Kriegsgefangener war.

Lange Zeit war dieses Weihnachtsmysterium für ihn selbst ein Mysterium: es lag ihm nicht besonders an diesem Stück, das sich ihm in gewisser Weise entzog und ein unterirdisches Leben führte. Es wurde von einigen linkskatholischen Kreisen vereinnahmt, die überzeugt waren, daß es «sein Stück für uns» war: hier und da zirkulierten unvollständige abgetippte Fassungen, und *Bariona* wurde im Lauf der Jahre in einigen Scholastikaten gespielt, wie zum Beispiel 1947 in dem von Le Puy. Ein katholischer Kritiker der damaligen Zeit gab ihm den Titel: «Bariona, der Mann, der das Jesuskind töten wollte». Diese Vereinnahmung hatte offensichtlich ein doppeltes Ziel: es ging darum, vor Sartres Atheismus zu warnen und, andererseits, zu zeigen, wieviel der Existentialismus der christlichen Religion verdankte. So wie es bald François Mauriac sagen würde, war Sartre «der Atheist der Vorsehung».

In den sechziger Jahren genehmigte Sartre die Veröffentlichung von *Bariona*, und das Stück erschien zum erstenmal in Michel Contat/Michel Rybalka, *Les écrits de Sartre*. Seitdem hat man sich mit dem Stück gründlicher und differenzierter befaßt, besonders in der Bundesrepublik.

Vieles an *Bariona* bleibt jedoch im dunkeln. Ich selbst beabsichtige in absehbarer Zeit eine größere detaillierte Untersuchung zu veröffentlichen, die viele neue Informationen enthalten wird. Ich habe nämlich Anfang der siebziger Jahre das Glück gehabt, im Rahmen meiner Forschungen über Sartre das autographische Manuskript von *Bariona* einsehen zu können und Sartres wichtigste Mitarbeiter aus dem

Stalag 12 D zu interviewen: den Jesuitenpater Paul Feller, dessen Verhältnis zur Kirche später schwierig wurde, den Journalisten und späteren Maler Marc Bénard, den Pater Etchegoyen u. a. Aus diesen Nachforschungen ergeben sich folgende Tatsachen: Marc Bénard hatte als erster die Idee zu *Bariona* gehabt und mit Pater Feller darüber gesprochen. Beide haben sich dann an Sartre gewandt, der bereit war, seine schriftstellerischen Fähigkeiten in den Dienst dieses Plans zu stellen, wenn man ihm nur im Stalag ein Zimmer und annehmbare Ernährung verschaffte. Bis Januar 1941 lag ja die innere Verwaltung des Lagers hauptsächlich in den Händen der französischen Kriegsgefangenen, und *Bariona* war in hohem Maße ein kollektives Unternehmen. Sartre schrieb später an Pater Feller: «Dieses Stück gehört Ihnen ebenso wie mir. Ich bin der Sekretär von allen gewesen.» Sartre begann Mitte November 1940 mit dem Stück, und die Rollen wurden verteilt: Lelius, die komische Figur, die in einem gewissen Maße die Deutschen darstellt, fiel Marc Bénard zu; Bariona, die tragische Figur, wurde von Anfang an auf Paul Feller zugeschnitten; Sartre spielte die Rolle der Figur des Evangeliums, des Mohren Balthasar, aber er trat in Gelb auf wegen des honigfarbenen Papiers der Kostüme, und sein Weihrauchkästchen hatte ein Kommunist gebastelt; Sarah wurde von einem Gymnasiallehrer aus der Picardie gespielt, der Zauberer von einem lothringischen Lehrer, der Engel von Clément, einem Theologiestudenten. Das Stück wurde wahrscheinlich von der Zensurbehörde gelesen. Man baute aus Zelten ein Zelt mit einem Podium. Es gab drei Vorstellungen, von denen jede von 2000 Zuschauern besucht wurde, und zwar am 24., 25. und 26. Dezember. Der Vorstellung vom 24. folgte eine Mitternachtsmesse, die von Pater Boisselot zelebriert wurde.

In seinen großen Linien ist *Bariona* vor allem ein Widerstandsstück, das den Gefangenen des Stalag 12 D wieder Hoffnung geben sollte. Es ist auch ein Weihnachtsstück, das eine Art Vermittlung zwischen dem religiösen Mythos Christi und dem Existentialismus darstellt, wie ihn Sartre damals in jener Zeit des Krieges und der Krise verstand: der Mythos ist hier abgewandelt, im Sinn des Humanen gewendet, aber auch in einem autobiographischen und persönlichen Sinn. Wie Pater Feller zu mir sagte, ist das Hauptthema das der Fortpflanzung und nicht das der Christgeburt. Im übrigen ist *Bariona* sicher ein Unterhaltungsstück, das mit dem Wunderbaren spielt und in einem tragi-komischen Evangelium die koloniale Situation in Judäa, die Situation des modernen Menschen und die Situation der Gefangenen im Stalag vom Petrisberg miteinander vermischt. Einige neuere Interpretationen haben sich mit seinem sozialen Aspekt beschäftigt. *Bariona* ist jedenfalls ein Stück, das einen hervorragenden Platz in der Geschichte und Problematik des Sartreschen Werkes verdient.

Der hier vorgelegte Text gibt nicht die ziemlich umfangreichen, mit einem Blaustift gestrichenen Passagen des Manuskriptes wieder. Diese Striche, die meiner Ansicht nach nur die Aufführungszeit verkürzen sollten, betreffen vor allem den Part von Lelius, dem römischen Beamten. Zwei der gestrichenen Stellen lauten folgendermaßen: «... bis jetzt reichte die Ära des natürlichen Menschen, die meisten Menschen wuchsen wie Unkraut vor sich hin und verschwanden, ohne Spuren zu hinterlassen, außer in einigen Herzen. Der göttliche Cäsar schuf die Ära des sozialen Menschen: des sozialen Menschen, der seiner individuellen Nummer entspricht. Von nun an ist der Tod nur noch ein unwichtiger Zwischenfall. Das Wesen aus Fleisch und Blut verschwindet, aber die Nummer bleibt, sie verleiht uns eine neue Würde und soziale Unsterblichkeit... ich vermag ganz wie ein anderer und besser vielleicht als viele meinem Blick die römische Majestät zu verleihen. Aber den Anblick jüdischer Gesichter kann ich nicht ertragen. Habt ihr zum Beispiel von unserer Gänseleber gekostet? Sie hat einen so starken Geschmack, daß sie einen nach einigen Bissen anwidert. Genau das ist es: die Gesichter von Juden haben einen zu starken Geschmack, sie widern einen an... das ist aufdringlich, mein Lieber, aufdringlich. Ach, wann werde ich die römische Menge wiedersehen und *unsere* Gesichter, unsere Gesichter, die nichts bedeuten. Seht, die Größe unseres Volkes kommt daher, daß unsere Gesichter ausdruckslos sind. Wir sind schwer und stabil, unsere Gesichter sind undurchsichtig, und nur das Wesentliche dringt durch unsere Augen.»

Michel Rybalka

Aufführungen

Die Uraufführung von *Bariona* fand am 24. Dezember 1940 im deutschen Kriegsgefangenenlager Stalag 12 D bei Trier in der Inszenierung von Jean-Paul Sartre statt. Jean-Paul Sartre spielte den Balthasar. Es folgten zwei weitere Aufführungen am 25. und 26. Dezember 1940.

Bibliographie

1. Äußerungen Sartres

Brief an Simone de Beauvoir vom 10. Dezember 1940, in: Jean-Paul Sartre, *Briefe an Simone de Beauvoir 2, 1940–1963*, Rowohlt, Reinbek 1985, 319. *Forgers of Myths: the young playwrights of France* in: Theater Arts Bd. 30, Nr. 6, Juni 1946. Wiederabgedruckt in: Rosamund Gilder (Hg.), *Theater Arts Anthology*, Theater Arts Books, New York 1951, 135–142; Toby Cole, *Playwrights on Playwriting*, Hill and Wang, New York 1960, 117–124; J. Gassner/R. G. Allen, *Theater and Drama in the making*, Houghton, New York 1964, 806–813. Unter dem Titel *Forger des mythes* in französischer Rückübersetzung von Michel Contat erschienen in: Jean-Paul Sartre, *Un théâtre de situations*, Gallimard, Paris 1973, 55–67. Unter dem Titel *Mythen schaffen* in deutscher Übersetzung von Klaus Völker erschienen in Jean-Paul Sartre, *Mythos und Realität des Theaters*, Rowohlt, Reinbek 1979, 31–39.
Le théâtre de A jusqu'à Z: Jean-Paul Sartre, Interview mit Paul-Louis Mignon in: *L'Avant-Scène Théâtre* Nr. 402–403, 1.–15. Mai 1968, 33f.

2. Zeugnisse und Artikel

Beauvoir, Simone de, *La force de l'âge*, Gallimard, Paris 1960, 499 und 524f.; deutsch: *In den besten Jahren*, Rowohlt, Reinbek 1961, rororo 112/114, 416 und 436f.
Contat, Michel/Rybalka, Michel, *Bariona* in: *Les écrits de Sartre*, Gallimard, Paris 1970, 3/2 375
Esslin, Martin, *Sartre's Nativity Play* in: *Adam. International Review* Bd. 35, Nr. 343/345, 1970.
Galster, Ingrid, *Le théâtre de Jean-Paul Sartre devant ses premiers critiques*, Gunter Narr, Tübingen 1986
Gourgaud, Nicole, *La dynamique du pouvoir dans «Bariona» ou le Fils du tonnerre* in: *Kwartalnik Neofilologyczny* Bd. 33, 1986, 189–205.
Hasenhüttel, Gotthold, *Gott ohne Gott*, Styria Verlag Graz/Wien/Köln 1972.

Krauss, Henning, «*Bariona*»: *Sartres Theaterauffassung im Spiegel seines ersten Dramas* in: *Germanisch-romanische Monatsschrift* N. F., Bd. 19, Nr. 2, April 1969, 179–194.

Krauss, Henning, «*Bariona*» in: *Die Praxis der «littérature engagée» im Werk Jean-Paul Sartres 1939–1948*, Carl Winter, Heidelberg 1970.

Mohanty, Christine, «*Bariona*»: *The germination of Sartrean theater* in: *French Review* Bd. 47, Nr. 6, Mai 1974, 1094–1109.

Perrin, Marius, *Avec Sartre au Stalag 12 D*, Opera Mundi, Paris 1980; deutsch: *Mit Sartre im deutschen Kriegsgefangenenlager*, Rowohlt, Reinbek 1983, rororo 5267.

Peters, Renate, *Bariona entre Brecht et Sartre* in: *Obliques* 18/19, April 1979, 131–137.

Quinn, Bernard J., *The politics of despair versus the politics of hope: A look at «Bariona», Sartres first «pièce engagée»* in: *French Review*, Sonderheft, Bd. 45, Nr. 4, Frühjahr 1972, 95–105.

Quinn, Bernard J., *Sarah: A refreshing addition to Sartre's gallery of dramatic heroines* in: *Proceedings: Pacific North-west Conference on Foreign Languages*, State University, Corvallis (Oregon) 1973, 175–177.

Quinn, Bernard J., *Sarah, Wife of Bariona: Sartre's first dramatic heroine* in: *Language Quarterly* 12, Nr. 1/2, 1973, 8, 46, 55.

Quinn, Bernard J., *From Nazareth to Bethlehem. Sartre secularizes the christian myth of angelic intervention in «Bariona»* in: Philip Crant (Hg.), *Mythology in French literature*, University of South Carolina 1976, 179–183.

Reuter, Angelika, «*Bariona*», *ein Beispiel politischen Volkstheaters oder die ungewöhnliche Modernität eines frühen Sartrestückes* in: *lendemains* Nr. 41, 1986, 18–29.

Roure, Rémy, *Jean-Paul Sartre a sauvé une âme* in: *Le Figaro littéraire* vom 26. März 1960.

Stenström, Thure, *Jean-Paul Sartre's first play* in: *Orbis Litterarum* Bd. 22, 1967, 173–190.

Zenz, Emil, *Der Philosoph Sartre als Kriegsgefangener im Lager Trier-Petrisberg* in: *Kurtrierisches Jahrbuch* Bd. 28, 1988, 195 f.

Die Fliegen
Drama in drei Akten

*Für Charles Dullin
in Dankbarkeit und Freundschaft*

PERSONEN

Jupiter
Orest
Ägist
Der Pädagoge
Elektra
Klytämnestra
Der Große Priester
Männer und Frauen aus dem Volk
Erinnyen
Diener
Palastwachen

ERSTER AKT

Ein Platz in Argos. Eine Statue von Jupiter, dem Gott der Fliegen und des Todes. Weiße Augen, blutbeschmiertes Gesicht.

Erste Szene

Schwarzgekleidete alte Frauen kommen in einer Prozession herein und bringen vor der Statue Trankopfer dar. Im Hintergrund hockt ein Schwachsinniger. Orest und der Pädagoge treten auf, später Jupiter.

OREST: He, ihr Weiber!
  Sie drehen sich alle schreiend um.
DER PÄDAGOGE: Könnt ihr uns sagen...
  Sie weichen einen Schritt zurück und spucken auf die Erde.
DER PÄDAGOGE: Hört doch mal, ihr da, wir sind Reisende, die sich verirrt haben. Ich möchte von euch nur eine Auskunft haben. *Die alten Frauen fliehen und lassen dabei ihre Krüge fallen.* Alte Vogelscheuchen! Sehe ich denn so aus, als hätte ich es auf ihre Reize abgesehen? Ach, Herr, was für eine vergnügliche Reise! Und was für eine großartige Idee von Euch, hierherzukommen, wo es doch mehr als fünfhundert Großstädte gibt, in Griechenland wie in Italien, mit gutem Wein, gastlichen Herbergen und bevölkerten Straßen. Diese Bergbewohner haben offenbar noch nie Touristen gesehen; hundertmal habe ich nach dem Weg gefragt in diesem verfluchten Nest, das in der Sonne brütet. Überall dieselben Entsetzensschreie und dasselbe Auseinanderstieben, dasselbe dumpfe

schwarze Gerenne auf den gleißenden Straßen. Puah! Diese öden Straßen, dieses flimmernde Luft, und diese Sonne... Was gibt es Schlimmeres als die Sonne?

OREST: Ich bin hier geboren...

DER PÄDAGOGE: Mag sein. Aber ich an Eurer Stelle würde mich dessen nicht rühmen.

OREST: Ich bin hier geboren und muß wie ein Passant nach dem Weg fragen. Klopf an diese Tür!

DER PÄDAGOGE: Was erwartet Ihr? Daß man Euch antwortet? Seht sie doch nur an, diese Häuser, und erzählt mir, wie sie aussehen. Wo sind die Fenster? Sie gehen auf geschlossene und finstere Höfe, nehme ich an, und uns strecken diese Häuser ihren Arsch hin... *Orest macht eine Bewegung.* Schon gut. Ich klopfe, aber ohne Hoffnung. *Er klopft. Stille. Er klopft noch einmal; die Tür geht einen Spalt auf.*

EINE STIMME: Was wollt Ihr?

DER PÄDAGOGE: Bloß eine Auskunft. Kennt Ihr die Wohnung von...

Die Tür wird zugeschlagen.

DER PÄDAGOGE: Zum Henker mit euch! Seid Ihr zufrieden, Herr, und genügt Euch die Erfahrung? Ich kann, wenn Ihr wollt, an alle Türen donnern.

OREST: Nein, laß.

DER PÄDAGOGE: Halt. Da ist ja jemand. *Er geht auf den Schwachsinnigen zu.* Hochwürden!

DER SCHWACHSINNIGE: Äh!

DER PÄDAGOGE *grüßt ihn noch einmal*: Hochwürden!

DER SCHWACHSINNIGE: Äh!

DER PÄDAGOGE: Hättet Ihr die Güte, uns das Haus von Ägist zu zeigen?

DER SCHWACHSINNIGE: Äh!

DER PÄDAGOGE: Von Ägist, dem König von Argos.

DER SCHWACHSINNIGE: Äh! Äh!

Im Hintergrund geht Jupiter vorbei.

DER PÄDAGOGE: So ein Pech! Der erste, der nicht flieht, ist

schwachsinnig. *Jupiter geht wieder vorbei.* Nicht zu fassen! Er ist uns bis hierher gefolgt.
OREST: Wer?
DER PÄDAGOGE: Der Bärtige.
OREST: Du träumst.
DER PÄDAGOGE: Ich habe ihn doch gerade vorbeigehen sehen.
OREST: Du mußt dich getäuscht haben.
DER PÄDAGOGE: Unmöglich. In meinem ganzen Leben habe ich keinen solchen Bart gesehen, außer einem aus Bronze, der das Gesicht von Jupiter Ahenobarbus in Palermo schmückt. Seht, da geht er wieder vorbei. Was will er von uns?
OREST: Er reist herum, wie wir.
DER PÄDAGOGE: Uäh! Wir haben ihn auf der Straße nach Delphi getroffen. Und als wir in Itea an Bord gingen, führte er seinen Bart schon auf dem Schiff herum. In Nauplia konnten wir keinen Schritt tun, ohne daß er uns über den Weg lief, und jetzt ist er hier. Haltet Ihr das etwa für bloßen Zufall? *Er verscheucht mit der Hand die Fliegen.* Hach! Die Fliegen von Argos scheinen mir viel entgegenkommender zu sein als die Leute. Seht mal diese hier, seht doch mal! *Er zeigt auf das Auge des Schwachsinnigen.* Zwölf sitzen auf seinem Auge wie auf einer Schnitte, und er lächelt noch selig, er hat es offenbar gern, daß ihm die Augen ausgesaugt werden. Und da kommt tatsächlich weißer Schleim raus, der wie geronnene Milch aussieht. *Er verscheucht die Fliegen.* Schon gut, schon gut, ihr da! Da, jetzt sind sie bei Euch. *Er verscheucht sie.* Nun, das muß Euch doch gefallen: Ihr habt euch ja darüber beklagt, daß ihr in eurem eigenen Land als Fremder herumlaufen müßt, diese Tierchen heißen Euch willkommen, sie scheinen Euch zu erkennen. *Er verscheucht sie.* Schluß jetzt, Friede! Friede! Keine Überschwenglichkeit! Woher kommen sie? Sie machen mehr Krach als Klappern und sind dicker als Libellen.

Jupiter *ist herangetreten*: Das sind nur etwas fette Schmeißfliegen. Vor fünfzehn Jahren wurden sie von einem starken Aasgeruch über der Stadt angezogen. Seitdem setzen sie Fett an. In fünfzehn Jahren werden sie so groß wie kleine Frösche sein.
Pause.
Der Pädagoge: Mit wem haben wir die Ehre?
Jupiter: Mein Name ist Demetrios. Ich komme aus Athen.
Orest: Ich glaube, ich habe Euch letzte Woche auf dem Schiff gesehen.
Jupiter: Ich habe Euch auch gesehen.
Entsetzliche Schreie aus dem Palast.
Der Pädagoge: Ojoijoi! Das verheißt nichts Gutes, und ich bin der Meinung, Herr, wir sollten besser wieder gehen.
Orest: Sei still!
Jupiter: Ihr habt nichts zu befürchten. Heute ist das Totenfest. Diese Schreie zeigen den Beginn der Zeremonie an.
Orest: Ihr scheint gut über Argos Bescheid zu wissen.
Jupiter: Ich komme oft hierher. Wißt Ihr, ich war bei der Rückkehr des Königs Agamemnon da, als die siegreiche Flotte der Griechen im Hafen von Nauplia anlegte. Von den Wällen aus konnte man die weißen Segel sehen. *Er verscheucht die Fliegen.* Damals gab es noch keine Fliegen. Argos war nur eine kleine Provinzstadt, die in der Sonne vor sich hin dämmerte. An den folgenden Tagen bin ich mit den anderen auf den Rundweg gestiegen, und wir haben lange den königlichen Zug betrachtet, der sich auf der Ebene fortbewegte. Am Abend des zweiten Tages erschien die Königin Klytämnestra auf den Wällen, zusammen mit Ägist, dem heutigen König. Die Leute von Argos sahen ihre Gesichter, wie sie von der untergehenden Sonne gerötet waren; sie sahen, wie sie sich über die Zinnen beugten und lange auf das Meer starrten; und sie dachten: «Das wird schlimm enden.» Aber sie sagten nichts. Ägist war, wie Ihr sicher wißt, der Geliebte der Königin Klytämnestra. Ein Hurenbock, der damals

schon eine Neigung zur Melancholie hatte... Ihr wirkt müde?

OREST: Es ist der lange Weg, den ich hinter mir habe, und diese verfluchte Hitze. Doch was Ihr sagt, interessiert mich.

JUPITER: Agamemnon war ein tüchtiger Mann, aber er hatte einen großen Fehler gemacht, wißt Ihr. Er hatte öffentliche Hinrichtungen verboten. Das ist schade. Zusehen, wie einer aufgehängt wird, ist in der Provinz eine gute Zerstreuung, und die Leute sind dann ein bißchen abgebrüht gegenüber dem Tod. Die Leute von hier haben nichts gesagt, weil sie sich langweilten und einen gewaltsamen Tod sehen wollten. Sie haben nichts gesagt, als sie sahen, wie ihr König an den Toren der Stadt erschien. Und als sie sahen, wie Klytämnestra ihm ihre schönen duftenden Arme entgegenstreckte, haben sie nichts gesagt. In diesem Augenblick hätte ein Wort genügt, ein einziges Wort, aber sie haben geschwiegen, und jeder von ihnen hatte nur ein Bild im Kopf: einen großen Leichnam mit gespaltenem Gesicht.

OREST: Und Ihr, Ihr habt auch nichts gesagt?

JUPITER: Das findet Ihr empörend, junger Mann? Ich bin froh darüber; das zeigt Eure gute Gesinnung. Nein, ich habe nicht gesprochen: ich bin nicht von hier, und das ging mich nichts an. Aber als die Leute von Argos am nächsten Tag ihren König im Palast vor Schmerzen brüllen hörten, haben sie wieder nichts gesagt, und sie haben ihre wollüstig verzückten Augen niedergeschlagen, und die ganze Stadt war eine brünstige Frau.

OREST: Und der Mörder regiert. Er hat fünfzehn Jahre Glück erlebt. Ich hielt die Götter für gerecht.

JUPITER: Halt! Beschimpft mir nicht so schnell die Götter. Muß denn immer gestraft werden? War es nicht besser, daß sie diesen Aufruhr der moralischen Ordnung zugute kommen ließen?

OREST: Das haben sie gemacht?

Jupiter: Sie haben die Fliegen geschickt.
Der Pädagoge: Was haben die Fliegen damit zu tun?
Jupiter: Oh! Das ist ein Symbol. Aber was sie gemacht haben, werdet Ihr gleich beurteilen können: Ihr seht diese alte Kakerlake dort hinten, die mit ihren kleinen schwarzen Beinen an der Mauer entlangkriecht, ein schönes Exemplar dieser schwarzen plattgedrückten Fauna, von der es in den Rissen wimmelt. Ich stürze mich auf das Insekt und bringe es Euch. *Er stürzt sich auf die Alte und bringt sie nach vorn.* Das ist mein Fang. Seht ihr Entsetzen! Hu! Du blinzelst mit den Augen, dabei seid ihr doch an die weißglühenden Schwerter der Sonne gewöhnt. Seht, sie zappelt wie ein Fisch an der Angel. Sag mir, Alte, du mußt Dutzende von Söhnen verloren haben: du bist von Kopf bis Fuß schwarz. Los, sprich, und ich laß dich vielleicht los. Um wen trauerst du?
Die Alte: Das ist die Kleidung von Argos.
Jupiter: Die Kleidung von Argos? Ach, ich verstehe. Um deinen König trauerst du, den ermordeten König.
Die Alte: Sei still! Um Gottes willen, sei still!
Jupiter: Denn du bist ja alt genug, um die ungeheuren Schreie gehört zu haben, die einen ganzen Vormittag lang durch die Straßen der Stadt gellten. Was hast du gemacht?
Die Alte: Mein Mann war auf dem Feld, was konnte ich schon machen. Ich habe die Tür verriegelt.
Jupiter: Ja, und du hast dein Fenster einen Spalt aufgelassen, damit du es besser hören konntest, und du hast hinter dem Vorhang gelauert, mit angehaltenem Atem, mit einem komischen Kribbeln zwischen den Schenkeln.
Die Alte: Sei still!
Jupiter: Du hast sicher gewaltig der Liebe gefrönt in dieser Nacht. Das war ein Fest, was?
Die Alte: Ach, Herr! Es war... ein grauenhaftes Fest.
Jupiter: Ein rotes Fest, und die Erinnerung daran habt ihr noch nicht begraben können.

Die Alte: Gnädiger Herr! Seid Ihr ein Toter?
Jupiter: Ein Toter! Paß bloß auf, du Verrückte! Kümmer dich nicht darum, was ich bin; scher dich lieber um dich selber und versuch durch deine Buße die Vergebung des Himmels zu erlangen.
Die Alte: Ach! Ich tue ja Buße, gnädiger Herr, wenn Ihr wüßtet, wie ich büße, und meine Tochter büßt auch, und mein Schwiegersohn opfert jedes Jahr eine Kuh, und meinen Enkel, der bald sieben wird, haben wir im Geist der Buße erzogen: er ist artig wie ein Bild, ganz blond und schon durchdrungen vom Gefühl seiner Erbsünde.
Jupiter: Gut, verschwinde, alte Schlampe, und versuch in Buße zu krepieren. Das ist die einzige Aussicht für dein Heil. *Die Alte flieht.* Entweder täusche ich mich, Ihr Herren, oder das ist echte Frömmigkeit, wie sie früher üblich war, fest im Schrecken verwurzelt.
Orest: Was seid Ihr für ein Mensch?
Jupiter: Geht es denn um mich? Wir sprachen von den Göttern. Also, Ägist hätte erschlagen werden müssen?
Orest: Man hätte... Ach, ich weiß nicht, was man hätte tun müssen, und es ist mir auch egal; ich bin nicht von hier. Tut Ägist Buße?
Jupiter: Ägist? Das sollte mich stark wundern. Wozu denn? Eine ganze Stadt büßt ja für ihn. Buße mißt sich nach Gewicht. *Entsetzliche Schreie im Palast.* Hört! Damit sie die Todesschreie ihres Königs nie vergessen, brüllt ein Ochsentreiber, der nach seiner durchdringenden Stimme ausgewählt wurde, bei jedem Jahrestag im großen Saal des Palasts. *Orest angewidert.* Bah! Das ist noch gar nichts; was werdet Ihr erst sagen, wenn die Toten losgelassen werden. Auf den Tag genau vor fünfzehn Jahren wurde Agamemnon ermordet. Oh, wie hat es sich seitdem verändert, das leichtsinnige Volk von Argos, und wie nahe steht es jetzt meinem Herzen!
Orest: Eurem Herzen?
Jupiter: Nichts, nichts, junger Mann. Ich sprach zu mir

selbst. Ich hätte sagen sollen: Wie nahe steht es jetzt dem Herzen der Götter.

OREST: Wirklich? Blutbeschmierte Mauern, Millionen Fliegen, Schlachthausgeruch, eine Kakerlakenhitze, verlassene Straßen, ein Gott mit dem Gesicht eines Ermordeten, von Entsetzen gepackte Larven, die sich in ihren Häusern an die Brust schlagen – und diese Schreie, diese unerträglichen Schreie: Ist es das, was Jupiter gefällt?

JUPITER: Oh! Sprecht kein Urteil über die Götter, junger Mann, sie haben schmerzliche Geheimnisse.

Pause.

OREST: Agamemnon hatte eine Tochter, glaube ich. Eine Tochter namens Elektra.

JUPITER: Ja. Sie lebt hier. Im Palast Ägists – da drüben.

OREST: So! Das ist der Palast Ägists? Und was hält Elektra von alldem?

JUPITER: Pah! Sie ist ein Kind. Es gab auch einen Sohn, einen gewissen Orest. Er gilt als tot.

OREST: Tot! Was Ihr nicht sagt...

DER PÄDAGOGE: Aber ja doch, Herr, Ihr wißt genau, daß er tot ist. Die Leute von Nauplia haben uns erzählt, daß Ägist kurz nach dem Tod Agamemnons befohlen hatte, ihn umzubringen.

JUPITER: Einige haben behauptet, er lebe noch. Seine Mörder hätten ihn aus Mitleid im Wald ausgesetzt. Er sei von reichen Athener Bürgern gefunden und aufgezogen worden. Ich aber wünschte, er wäre tot.

OREST: Warum denn, bitte schön?

JUPITER: Stellt Euch vor, er zeigt sich eines Tages an den Toren dieser Stadt...

OREST: Na und?

JUPITER: Bah! Hört, wenn ich ihn träfe, würde ich ihm sagen... würde ich ihm folgendes sagen: «Junger Mann...» Ich würde ihn «junger Mann» nennen, denn wenn er noch lebt, hat er ungefähr Euer Alter. Übrigens, gnädiger Herr, sagt Ihr mir Euren Namen?

Orest: Ich heiße Philebos, und ich bin aus Korinth. Ich reise, um mich zu bilden, mit einem Sklaven, der mein Lehrer war.

Jupiter: Ausgezeichnet. Ich würde also sagen: «Junger Mann, geht fort! Was wollt Ihr hier? Ihr wollt Eure Rechte geltend machen? Hört! Ihr seid stark und voller Tatendrang. Ihr gäbet einen tapferen Hauptmann in einer kriegerischen Armee ab, Ihr habt Besseres zu tun, als über eine halbtote Stadt zu regieren, ein von Fliegen gequältes Aas. Die Leute hier sind große Sünder, aber sie haben jetzt den Weg der Sühne eingeschlagen. Laßt sie in Ruhe, junger Mann, laßt sie in Ruhe, achtet ihr schmerzliches Vorhaben, macht Euch auf Zehenspitzen davon. Ihr könntet ihre Buße nicht teilen, denn Ihr habt Euch an ihrem Verbrechen nicht beteiligt, und Eure schamlose Unschuld trennt Euch von ihnen wie ein tiefer Graben. Geht fort, wenn Ihr sie ein bißchen liebt. Geht fort, denn Ihr würdet sie ins Verderben stürzen: Sofern Ihr sie auf ihrem Weg aufhaltet, von ihrer Reue abbringt, und sei es auch nur einen Augenblick, werden alle Sünden an ihnen erstarren wie erkaltetes Fett. Sie haben ein schlechtes Gewissen, sie haben Angst – und die Angst, das schlechte Gewissen ist ein köstlicher Duft für die Nasen der Götter. Ja, sie gefallen den Göttern, diese bejammernswerten Seelen. Ihr wollt ihnen doch nicht die göttliche Gunst nehmen? Und was könnt Ihr ihnen dafür bieten? Gute Verdauung, den öden Frieden der Provinzen und die Langeweile, ach, die tägliche Langeweile des Glücks. Gute Reise, junger Mann, gute Reise; die Ordnung einer Stadt und die Ordnung der Seelen sind anfällig: wenn Ihr daran rührt, verursacht Ihr eine Katastrophe. *Er sieht ihm in die Augen.* Eine schreckliche Katastrophe, die auf Euch zurückfallen wird.»

Orest: Wirklich? Das würdet Ihr sagen? Also, wenn ich dieser junge Mann wäre, würde ich antworten... *Sie messen sich mit den Blicken, der Pädagoge hustet.* Bah!

Ich weiß nicht, was ich Euch antworten würde. Vielleicht habt Ihr recht, und außerdem geht mich das nichts an.

JUPITER: Zum Glück. Ich wünschte, Orest wäre ebenso vernünftig. Also gut. Friede sei mit Euch; ich habe etwas zu erledigen.

OREST: Friede sei mit Euch.

JUPITER: Übrigens, wenn diese Fliegen Euch stören, so gibt es ein Mittel, sie loszuwerden; seht diesen Schwarm, der um Euch herumschwirrt: Ich mache eine Bewegung mit dem Handgelenk, eine Geste mit dem Arm, und ich sage: «Abraxas, galla, galla, tse, tse.» Seht Ihr, schon fallen sie runter und kriechen wie Raupen auf der Erde herum.

OREST: Beim Jupiter!

JUPITER: Das ist weiter nichts. Ein kleines Unterhaltungstalent. Ich bin gelegentlich Fliegenbeschwörer. Guten Tag. Ich werde Euch wiedersehen. *Ab.*

ZWEITE SZENE

Orest, der Pädagoge

DER PÄDAGOGE: Seid vorsichtig. Dieser Mensch weiß, wer Ihr seid.

OREST: Ist das ein Mensch?

DER PÄDAGOGE: Ach, Herr, was macht Ihr mir für Kummer! Was ist denn aus meiner Unterweisung und jenem heiteren Skeptizismus geworden, den ich Euch gelehrt habe? «Ist das ein Mensch?» Es gibt doch nur Menschen, und das ist schon genug. Dieser Bärtige ist ein Mensch, irgendein Spion Ägists.

OREST: Laß mich zufrieden mit deiner Philosophie. Sie hat mir schon allzu übel mitgespielt.

DER PÄDAGOGE: Übel mitgespielt! Schadet man denn den Menschen, wenn man sie die Freiheit des Geistes lehrt? Ach! Wie habt Ihr Euch verändert! Früher las ich in Euch wie in einem Buch... Wollt Ihr mir nicht endlich sagen, was Ihr vorhabt? Warum habt Ihr mich hierhergeschleppt? Und was wollt Ihr hier?

OREST: Habe ich dir gesagt, daß ich hier etwas will? Also! Halt den Mund! *Er geht auf den Palast zu.* Das ist **mein** Palast. Da ist mein Vater geboren. Da wurde er von einer Hure und ihrem Zuhälter ermordet. Ich bin auch da geboren. Ich war fast drei, als die Schläger Ägists mich wegbrachten. Wir sind sicher durch dieses Tor gekommen; der eine hielt mich in den Armen, ich hatte die Augen weit offen, und ich weinte sicher... Ach! Nicht die kleinste Erinnerung. Ich sehe ein großes stummes Gebäude von steifer provinzieller Feierlichkeit. Jetzt **sehe** ich es zum erstenmal.

DER PÄDAGOGE: Keine Erinnerungen, undankbarer Herr, nachdem ich zehn Jahre meines Lebens darauf verwendet habe, Euch welche zu verschaffen? Und all die Reisen, die wir gemacht haben? Und die Städte, die wir besucht haben? Und die Vorlesung in Archäologie, die ich für Euch allein gehalten habe? Keine Erinnerungen? Früher hattet Ihr so viele Paläste, Heiligtümer und Tempel in Eurem Gedächtnis, daß Ihr wie der Geograph Pausanias einen Griechenlandführer hättet schreiben können.

OREST: Paläste! Das stimmt. Paläste, Säulen, Statuen! Warum bin ich eigentlich nicht schwerer, wo ich so viele Steine im Kopf habe? Und die 387 Stufen des Tempels von Ephesus, davon sprichst du nicht? Ich bin sie eine nach der anderen emporgestiegen, und ich kann mich an alle erinnern. Die siebzehnte, glaube ich, war zerbrochen. Ach! Ein Hund, ein alter Hund, der sich am Herd wärmt und ein bißchen aufsteht, wenn sein Herr reinkommt, und zu seiner Begrüßung leise wimmert, ein Hund hat mehr Gedächtnis als ich: **Seinen** Herrn erkennt er. **Seinen** Herrn. Und was gehört mir?

DER PÄDAGOGE: Was macht Ihr denn mit der Kultur, Herr? Sie gehört Euch, Eure Kultur, und ich habe sie für Euch wie einen Strauß liebevoll aus den Früchten meiner Weisheit und den Schätzen meiner Erfahrung zusammengestellt. Habe ich Euch nicht frühzeitig alle Bücher lesen lassen, um Euch mit der Vielfalt der Meinungen vertraut zu machen, und Euch durch hundert Staaten geführt, um Euch in jeder Situation zu zeigen, wie unterschiedlich die Sitten und Gebräuche der Menschen sind? Jetzt seid Ihr jung, reich und schön, mit dem Wissen eines alten Mannes, von aller Knechtschaft und jedem Glauben befreit, ohne Familie, ohne Heimat, ohne Religion, ohne Beruf, frei für alle Bindungen und doch wissend, daß man sich nie binden soll, kurz: ein höherer Mensch und außerdem noch fähig, in einer großen Universitätsstadt Philosophie oder Architektur zu lehren, und Ihr beklagt Euch!

OREST: Aber nein: ich beklage mich nicht. Ich kann mich nicht beklagen: du hast mir die Freiheit jener gelassen, die der Wind aus dem Spinnengewebe losreißt und die zehn Fuß über dem Boden schweben; ich wiege nicht mehr als ein Spinnenfaden und lebe in der Luft. Mir ist klar, daß das ein Glück ist, und ich weiß es durchaus zu schätzen. *Pause.* Es gibt Menschen, die mit festen Bindungen geboren werden: Sie haben keine Wahl, sie wurden auf einen Weg gestoßen und am Ende des Wegs erwartet sie eine Tat, i h r e Tat; sie laufen, und ihre nackten Füße drücken sich tief in die Erde und stoßen sich an den Steinen wund. Ist das für dich primitiv, die Freude, a n   e i n e n   b e s t i m m t e n   O r t zu gehen? Und es gibt andere, schweigsame, die tief in ihrem Herzen das Gewicht verschwommener irdischer Bilder spüren; ihr Leben ist verändert worden, weil an irgendeinem Tag ihrer Kindheit, mit fünf, mit sieben Jahren... Gut: das sind keine höheren Menschen. I c h wußte schon mit sieben Jahren, daß ich verbannt war: die Gerüche und Geräusche, das Plätschern des Regens auf den Dächern, das Flimmern des Lichts, alles ließ ich an meinem Körper abgleiten; ich wußte, daß es den anderen gehört und daß ich es nicht zu meinen Erinnerungen machen kann. Denn wer Häuser, Tiere, Knechte und Felder besitzt, für den sind Erinnerungen eine fette Nahrung. Aber ich... Ich bin frei, Gott sei Dank. Und wie ich frei bin. Und meine Seele, eine erhabene Abwesenheit. *Er geht auf den Palast zu.* Dort hätte ich gelebt. Ich hätte keines deiner Bücher gelesen, und vielleicht hätte ich nicht einmal lesen können: ein Prinz kann selten lesen. Aber durch dieses Tor wäre ich zehntausendmal rein- und rausgegangen. Als Kind hätte ich mit den Torflügeln gespielt, ich hätte mich gegen sie gestemmt, sie hätten geknarrt, aber nicht nachgegeben, und meine Arme hätten ihren Widerstand gespürt. Später hätte ich sie nachts heimlich aufgestoßen, um Mädchen zu treffen. Und noch später, am Tag meiner Volljährigkeit, hätten Sklaven das Tor für mich weit aufgemacht, und ich wäre über die Schwelle geritten. Mein altes Holztor. Mit geschlossenen Augen hätte ich deinen Riegel gefunden. Und diese Schramme da unten hätte vielleicht ich dir aus Ungeschicklichkeit mit meiner ersten Lanze beigebracht. *Er tritt zurück.* Kleindorischer Stil, nicht wahr? Und was hältst du von den Goldintarsien? In Dodona habe ich ähnliche gesehen: eine schöne Arbeit. Gut, ich werde dir eine Freude machen: das ist nicht mein Palast, nicht mein Tor. Und wir haben hier nichts zu suchen.

DER PÄDAGOGE: Endlich nehmt Ihr Vernunft an. Was hättet Ihr davon gehabt, da zu leben? Eure Seele würde in diesem Moment von einer abscheulichen Reue geplagt.

OREST *auffahrend*: Aber es wäre wenigstens meine gewesen. Und diese Hitze, die meine Haare versengt, wäre meine. Das Summen dieser Fliegen meins. Nackt in einem dunklen Zimmer des Palasts hätte ich in diesem Moment durch die Spalte eines Fensterladens die Röte des Lichts beobachtet, ich hätte gewartet, daß die Sonne sinkt und daß die frische Dämmerung eines Abends von

Argos wie ein Duft aus dem Boden steigt. Wie schon hunderttausendmal, und immer neu, die Dämmerung eines Abends, der meiner wäre. Gehen wir fort, Pädagoge, begreifst du nicht, daß wir dabei sind, in der Hitze der anderen zu verkommen?

DER PÄDAGOGE: O Herr, wie Ihr mich beunruhigt. Diese letzten Monate – genaugenommen, seit ich Euch Eure Herkunft offenbart habe – sah ich, wie Ihr Euch von Tag zu Tag verändert habt, und ich konnte nicht mehr schlafen. Ich fürchtete...

OREST: Was?

DER PÄDAGOGE: Aber Ihr werdet mir böse sein.

OREST: Nein. Sprich!

DER PÄDAGOGE: Ich fürchtete – man kann sich noch so früh in skeptischer Ironie geübt haben und hat trotzdem manchmal törichte Vorstellungen – kurz, ich habe mich gefragt, ob Ihr nicht den Plan hegtet, Ägist zu vertreiben und seinen Platz einzunehmen.

OREST *langsam*: Ägist zu vertreiben? *Pause.* Du kannst beruhigt sein, mein Guter, dazu ist es zu spät. Nicht, daß ich keine Lust dazu hätte, diesen Tempelschänder am Bart zu packen und vom Thron meines Vaters zu zerren. Aber was habe ich denn mit diesen Leuten zu schaffen? Ich habe weder die Geburt eines einzigen ihrer Kinder erlebt, noch war ich bei den Hochzeiten ihrer Töchter dabei, ich teile ihre Gewissensbisse nicht, und ich kenne keinen einzigen ihrer Namen. Der Bärtige hat recht: Ein König muß dieselben Erinnerungen haben wie seine Untertanen. Lassen wir sie in Ruhe, mein Guter. Gehen wir fort. Auf Zehenspitzen. Oh, wenn es eine Tat gäbe, verstehst du, eine Tat, die mir hier das Bürgerrecht unter ihnen verleihen würde, wenn ich mich ihrer Erinnerungen, ihrer Schrecken und ihrer Hoffnungen bemächtigen könnte, und sei es durch ein Verbrechen, um die Leere meines Herzens auszufüllen, selbst wenn ich dazu meine eigene Mutter umbringen müßte...

DER PÄDAGOGE: Aber Herr!
OREST: Ja, das sind Träume. Brechen wir auf. Sieh nach, ob
man uns Pferde besorgen kann, und dann reiten wir bis
nach Sparta, wo ich Freunde habe.
Elektra tritt auf.

DRITTE SZENE

Dieselben, Elektra

*Elektra geht mit einer Kiste auf die Jupiterstatue zu, ohne
die beiden zu sehen.*

ELEKTRA: Dreckstück! Starr mich nur an mit deinen runden
Augen in deinem mit Himbeersaft beschmierten Gesicht,
du machst mir nicht angst. Sag, sie sind heute früh gekommen, die heiligen Frauen, die alten Schachteln im
schwarzen Kleid. Ihre groben Schuhe sind um dich her-
umgeknarrt. Du warst froh, was, du Kinderschreck, du
magst sie, die alten Weiber, je mehr sie Toten ähneln,
desto mehr magst du sie. Sie haben ihre kostbarsten
Weine vor deinen Füßen ausgegossen, weil es dein Fest
ist, und muffige Ausdünstungen sind aus ihren Röcken
zu deiner Nase aufgestiegen; deine Nasenlöcher spüren
noch das Kribbeln von diesem köstlichen Duft. *Sie reibt
sich an ihm.* Jetzt spür einmal mich, riech den Geruch
meines frischen Körpers. Ich bin jung, ich bin lebendig,
das muß dir ein Greuel sein. Auch ich bringe dir meine
Opfergaben dar, während die ganze Stadt im Gebet ver-
sunken ist. Hier: das ist der Abfall und die ganze Asche
des Herdes und altes Fleisch, das von Würmern wimmelt,
und ein Stück besudeltes Brot, das unsere Schweine nicht
fressen wollten, deine Fliegen mögen das. Da, frohes
Fest, da, frohes Fest, und hoffen wir, daß es das letzte ist.
Ich bin nicht so stark, und ich kann dich nicht um-

schmeißen. Ich kann dich anspucken, das ist alles. Aber er wird kommen, auf den ich warte, mit seinem großen Schwert. Er wird dich feixend ansehen, so, die Hände in die Hüften gestemmt und nach hinten gebeugt. Und dann wird er sein Schwert ziehen und dich von oben bis unten spalten, so! Dann werden die beiden Hälften Jupiters umkippen, die eine nach links und die andere nach rechts, und jeder wird sehen, daß er aus weißem Holz ist. Er ist ganz aus weißem Holz, der Gott der Toten. Der Schrecken und das Blut im Gesicht und das düstere Grün der Augen, das ist nur Lack, nicht wahr? Du weißt genau, daß du innen ganz weiß bist, weiß wie ein Säugling, du weißt, daß ein Säbelhieb dich mittendurch spalten wird und daß du nicht einmal wirst bluten können. Weißes Holz! Gutes weißes Holz: das brennt gut. *Sie bemerkt Orest.* Oh!

OREST: Hab keine Angst!

ELEKTRA: Ich habe keine Angst. Überhaupt nicht. Wer bist du?

OREST: Ein Fremder.

ELEKTRA: Sei willkommen. Alles, was in dieser Stadt fremd ist, ist mir teuer. Wie ist dein Name?

OREST: Ich heiße Philebos, und ich bin aus Korinth.

ELEKTRA: So? Aus Korinth? Ich heiße Elektra.

OREST: Elektra. *Zum Pädagogen:* Laß uns allein!

Der Pädagoge ab.

Vierte Szene

Orest, Elektra

Elektra: Warum siehst du mich so an?
Orest: Du bist schön. Du siehst nicht aus wie die Leute von hier.
Elektra: Schön? Du bist sicher, daß ich schön bin? So schön wie die Mädchen in Korinth?
Orest: Ja.
Elektra: Hier sagt mir das keiner. Ich soll es nicht wissen. Außerdem, was nützt mir das schon, ich bin nur eine Dienstmagd.
Orest: Eine Dienstmagd? Du?
Elektra: Die letzte aller Dienstmägde. Ich wasche die Wäsche des Königs und der Königin. Sie starrt vor Dreck und stinkt bestialisch. Die Unterwäsche, die Hemden, in denen ihre verkommenen Körper stecken, das Hemd, das Klytämnestra trägt, wenn der König mit ihr das Lager teilt: das alles muß ich waschen. Ich mache die Augen zu und reibe mit allen Kräften. Ich wasche auch das Geschirr. Du glaubst mir nicht? Sieh dir meine Hände an. Sie sind ganz schön rissig und aufgesprungen. Du machst so komische Augen. Sehen diese Hände zufällig wie die einer Prinzessin aus?
Orest: Arme Hände. Nein. Sie sehen nicht wie die Hände einer Prinzessin aus. Aber erzähl weiter. Was mußt du noch für sie machen?
Elektra: Jeden Morgen muß ich die Abfallkiste leeren. Ich ziehe sie aus dem Palast und dann... du hast ja gesehen, was ich damit mache, mit dem Abfall. Dieser Kerl aus Holz, dieser Jupiter, Gott des Todes und der Fliegen. Neulich, als der Große Priester ihm seine Verbeugungen machte, ist er auf Kohl- und Rübenstrünke, auf Muschelschalen getreten. Er ist fast verrückt geworden. Sag, wirst du mich verraten?

Orest: Nein.
Elektra: Verrat mich doch, wenn du willst, das ist mir egal. Was können sie mir denn noch antun? Mich schlagen? Sie haben mich schon geschlagen. Mich ganz oben in den großen Turm sperren? Das wäre keine schlechte Idee, dann würde ich ihre Gesichter nicht mehr sehen. Am Abend, stell dir vor, wenn ich mit meiner Arbeit fertig bin, belohnen sie mich: ich muß mich in die Nähe einer dicken großen Frau mit gefärbten Haaren begeben. Sie hat fette Lippen und ganz weiße Hände, Hände einer Königin, die nach Honig riechen. Sie legt ihre Hände auf meine Schultern, sie drückt ihre Lippen auf meine Stirn, sie sagt: «Guten Abend, Elektra.» Jeden Abend. Jeden Abend spüre ich dieses warme, gierige Fleisch auf meiner Haut. Aber ich nehme mich zusammen, ich bin niemals umgekippt. Das ist meine Mutter, du verstehst. Wenn ich im Turm wäre, könnte sie mich nicht mehr küssen.
Orest: Hast du nie daran gedacht zu fliehen?
Elektra: Dazu habe ich nicht den Mut: ich hätte Angst allein auf den Straßen.
Orest: Hast du keine Freundin, die dich begleiten könnte?
Elektra: Nein, ich habe nur mich. Ich bin eine Krätze, eine Pest: das werden dir die Leute hier sagen. Ich habe keine Freundinnen.
Orest: Was, nicht einmal eine Amme, eine alte Frau, die bei deiner Geburt dabei war und dich ein bißchen liebt?
Elektra: Nicht einmal das. Frag meine Mutter: Ich würde die zärtlichsten Herzen entmutigen.
Orest: Und du willst dein ganzes Leben hierbleiben?
Elektra *schreit auf*: Oh! Nicht mein ganzes Leben! Nein, hör zu, ich warte auf etwas.
Orest: Auf etwas oder auf jemanden?
Elektra: Das kann ich dir nicht sagen. Sprich du lieber. Auch du bist schön. Bleibst du lange?
Orest: Ich sollte noch heute aufbrechen. Aber jetzt...

Elektra: Was jetzt?
Orest: Ich weiß nicht mehr.
Elektra: Ist das eine schöne Stadt, Korinth?
Orest: Eine sehr schöne.
Elektra: Du magst sie? Du bist stolz auf sie?
Orest: Ja.
Elektra: Für mich wäre das komisch, auf meine Geburtsstadt stolz zu sein. Erklär mir...
Orest: Also... Ich weiß nicht. Ich kann es dir nicht erklären.
Elektra: Du kannst nicht? *Pause.* Stimmt es, daß es in Korinth schattige Plätze gibt? Plätze, auf denen man abends spazierengeht?
Orest: Das stimmt.
Elektra: Und alle sind draußen? Alle gehen spazieren?
Orest: Alle.
Elektra: Die Jungen mit den Mädchen?
Orest: Die Jungen mit den Mädchen.
Elektra: Und sie haben sich immer etwas zu sagen? Und sie sind gern zusammen? Und man hört sie spät nachts gemeinsam lachen?
Orest: Ja.
Elektra: Findest du mich albern? Spaziergänge, Gesang und Lächeln kann ich mir nur schwer vorstellen. Die Leute hier sind von der Angst zerrüttet. Und ich...
Orest: Du?
Elektra: Vom Haß. Und was machen sie den ganzen Tag, die jungen Mädchen in Korinth?
Orest: Sie schmücken sich, und dann singen sie oder spielen Laute, und dann besuchen sie ihre Freundinnen, und abends gehen sie tanzen.
Elektra: Und sie haben keine Sorgen?
Orest: Ganz kleine.
Elektra: So? Sag, haben die Leute von Korinth Gewissensbisse?
Orest: Manchmal. Nicht oft.

ELEKTRA: Sie machen also, was sie wollen, und denken hinterher nicht mehr daran?
OREST: Richtig.
ELEKTRA: Komisch. *Pause.* Und sag mir noch eins, denn ich muß es wissen, wegen einem... wegen einem, auf den ich warte: Nimm mal an, ein Bursche aus Korinth, einer jener Burschen, der abends mit den Mädchen lacht, findet bei der Rückkehr von einer Reise seinen Vater ermordet, seine Mutter im Bett des Mörders und seine Schwester versklavt, würde er sich aus dem Staub machen, der Bursche aus Korinth, würde er mit Verbeugungen rückwärts rausgehen, bei seinen Freundinnen Trost suchen? Oder würde er seinen Säbel ziehen und auf den Mörder einschlagen, bis dem der Kopf zerspringt? – Du antwortest nicht?
OREST: Ich weiß nicht.
ELEKTRA: Wie? Du weißt nicht?
STIMME KLYTÄMNESTRAS: Elektra.
ELEKTRA: Pst.
OREST: Was ist?
ELEKTRA: Das ist meine Mutter, die Königin Klytämnestra.

FÜNFTE SZENE

Orest, Elektra, Klytämnestra

ELEKTRA: Nun, Philebos? Sie macht dir also angst?
OREST: Dieses Gesicht, hundertmal habe ich versucht, es mir vorzustellen, und endlich... habe ich es g e s e h e n, schlaff und weich unter dem Glanz der Schminke. Aber ich war nicht auf diese toten Augen gefaßt.
KLYTÄMNESTRA: Elektra, der König befiehlt dir, dich für die Zeremonie zurechtzumachen. Du legst dein schwarzes Kleid und deinen Schmuck an. Nun? Was bedeuten diese niedergeschlagenen Augen? Du drückst die Ellbogen gegen deine mageren Hüften, dein Körper ist dir lästig.

... So bist du oft in meiner Gegenwart, aber auf dieses Getue fall ich nicht mehr herein: Vorhin habe ich durch das Fenster eine andere Elektra gesehen, mit großen Bewegungen und feurigen Augen... Siehst du mir ins Gesicht? Antwortest du mir endlich?

Elektra: Braucht Ihr eine dreckige Magd, um den Glanz Eures Festes zu erhöhen?

Klytämnestra: Spiel keine Komödie, du bist die Prinzessin, Elektra, und das Volk wartet auf dich wie jedes Jahr.

Elektra: Ich bin die Prinzessin, wirklich? Und Ihr erinnert Euch einmal im Jahr daran, wenn das Volk zu seiner Erbauung ein Bild von unserem Familienleben verlangt? Schöne Prinzessin, die den Abwasch macht und die Schweine hütet! Wird Ägist wie letztes Jahr seinen Arm um meine Schultern legen und an meiner Wange lächeln und mir dazu Drohworte ins Ohr flüstern?

Klytämnestra: Das liegt ganz an dir.

Elektra: Ja, wenn ich mich von euren Gewissensbissen anstecken lasse und die Vergebung der Götter für ein Verbrechen erflehe, das ich nicht begangen habe. Ja, wenn ich Ägist die Hände küsse und ihn meinen Vater nenne. Pfui! Er hat getrocknetes Blut unter den Nägeln.

Klytämnestra: Mach, was du willst. In meinem Namen gebe ich dir schon lange keine Befehle mehr. Ich habe dir die Befehle des Königs übermittelt.

Elektra: Was gehen mich die Befehle Ägists an? Das ist Euer Gatte, Mutter, Euer geliebter Gatte, nicht der meine.

Klytämnestra: Ich habe dir nichts zu sagen, Elektra. Ich sehe, daß du auf dein Verderben aus bist und auf unser Verderben. Aber wie kann ich dir einen Rat geben, ich, die ich an einem einzigen Morgen mein Leben zerstört habe? Du haßt mich, mein Kind, aber noch mehr beunruhigt mich, daß du mir ähnelst: Ich hatte auch so ein spitzes Gesicht, so unruhiges Blut, solche hinterhältigen Augen – und es ist nichts Gutes dabei herausgekommen.

Elektra: Ich will Euch nicht ähneln! Sag, Philebos, da du uns beide nebeneinander siehst, das stimmt doch nicht, ich ähnle ihr nicht?

Orest: Was soll ich sagen? Ihr Gesicht sieht aus wie ein von Blitz und Hagel verwüstetes Feld. Und deines ist wie die Verheißung eines Gewitters: Eines Tages wird die Leidenschaft es bis auf die Knochen versengen.

Elektra: Die Verheißung eines Gewitters? Gut. Eine solche Ähnlichkeit ist mir recht. Wäre es nur wahr.

Klytämnestra: Und du? Du, da du Leute so musterst, wer bist du denn? Laß mich dich ansehen. Und was machst du hier?

Elektra *lebhaft*: Das ist ein Korinther namens Philebos. Er reist herum.

Klytämnestra: Philebos? Oh!

Elektra: Ihr schient einen anderen Namen zu fürchten?

Klytämnestra: Zu fürchten? Eins habe ich gewonnen, als ich mich ins Verderben stürzte, ich kann nichts mehr fürchten. Tritt näher, Fremder, und sei willkommen. Wie jung du bist. Wie alt bist du denn?

Orest: Achtzehn.

Klytämnestra: Leben deine Eltern noch?

Orest: Mein Vater ist tot.

Klytämnestra: Und deine Mutter? Sie muß ungefähr in meinem Alter sein. Du sagst nichts? Sie kommt dir wohl jünger vor als ich, sie kann in deiner Gesellschaft noch lachen und singen. Liebst du sie? Antworte doch! Warum hast du sie verlassen?

Orest: Ich will mich in Sparta zu den Söldnern melden.

Klytämnestra: Reisende machen gewöhnlich einen Umweg von fünf Meilen, um unsere Stadt zu umgehen. Man hat dich also nicht gewarnt? Die Leute aus der Ebene fliehen uns: Sie betrachten unsere Buße als eine Pest, und sie haben Angst, angesteckt zu werden.

Orest: Ich weiß.

Klytämnestra: Haben sie dir gesagt, daß ein unsühnbares

Verbrechen auf uns lastet, das vor fünfzehn Jahren begangen wurde?
OREST: Sie haben es mir gesagt.
KLYTÄMNESTRA: Daß die Königin Klytämnestra die Schuldigste ist? Daß unter allen Namen der ihre verflucht ist?
OREST: Sie haben es mir gesagt.
KLYTÄMNESTRA: Und du bist trotzdem gekommen? Fremder, ich bin die Königin Klytämnestra.
ELEKTRA: Laß dich bloß nicht beeindrucken, Philebos. Die Königin spielt das Lieblingsspiel: das Spiel der öffentlichen Bekenntnisse. Hier schreit jeder seine Sünden allen ins Gesicht, und nicht selten kann man an Festtagen sehen, wie ein Kaufmann das Eisengitter vor seinem Laden runterläßt, auf Knien durch die Straßen rutscht, seine Haare mit Staub bedeckt und brüllt, daß er ein Mörder, ein Ehebrecher oder ein Betrüger ist. Aber die Leute von Argos sind langsam abgestumpft: Jeder kennt die Verbrechen der anderen auswendig, vor allem die der Königin, niemandem mehr machen sie Spaß, das sind offizielle Verbrechen, Gründungsverbrechen sozusagen. Du kannst dir ihre Freude vorstellen, als sie dich sah, ganz jung, ganz frisch, nicht einmal ihren Namen kennend: Was für eine seltene Gelegenheit! Das ist für sie, als ob sie zum erstenmal beichtet.
KLYTÄMNESTRA: Schweig! Jeder kann mir ins Gesicht spukken und mich Verbrecherin und Hure nennen. Aber niemand hat das Recht, über meine Reue zu richten.
ELEKTRA: Du siehst, Philebos: Das ist die Spielregel. Die Leute werden dich anflehen, sie zu verurteilen. Aber achte darauf, daß du nur über die Vergehen richtest, die man eingesteht: Die anderen gehen niemanden etwas an, und man wäre sehr ungehalten, wenn du sie aufdecken würdest.
KLYTÄMNESTRA: Vor fünfzehn Jahren war ich die schönste Frau Griechenlands. Sieh dir mein Gesicht an und urteile, was ich gelitten habe. Ich sage es dir ungeschminkt:

Nicht den Tod des alten Bocks bedaure ich! Als ich ihn in seiner Badewanne bluten sah, habe ich vor Freude gesungen und getanzt. Und noch heute, nach fünfzehn Jahren, denke ich nicht ohne Freudenschauer daran. Aber ich hatte einen Sohn – er wäre in deinem Alter. Als Ägist ihn an die Söldner auslieferte, habe ich...

ELEKTRA: Ihr hattet, glaube ich, auch eine Tochter, meine Mutter. Ihr habt eine Geschirrspülerin aus ihr gemacht. Aber dieses Vergehen quält Euch nicht besonders.

KLYTÄMNESTRA: Du bist jung, Elektra. Es ist leicht, jemanden zu verurteilen, wenn man jung ist und nicht die Zeit gehabt hat, Böses zu tun. Aber warte nur: Eines Tages wirst du ein Verbrechen hinter dir herschleppen, das unwiderruflich ist. Mit jedem Schritt wirst du glauben, dich davon zu entfernen, aber es wird immer noch genauso schwer sein. Du wirst dich umdrehen und es hinter dir sehen, außer Reichweite, dunkel und rein wie ein schwarzer Kristall. Und du wirst es nicht einmal mehr verstehen, du wirst sagen: «Nicht ich, nicht ich habe das getan.» Doch es wird dasein, hundertmal verleugnet, immer noch da, und dich nach hinten ziehen. Und du wirst endlich wissen, daß du dein Leben mit einem einzigen Würfelwurf ein für allemal festgelegt hast und nichts anderes mehr tun kannst, als dein Verbrechen bis zu deinem Tod herumzuschleppen. Das ist das gerechte und ungerechte Gesetz der Reue. Dann werden wir sehen, was aus deinem jugendlichen Stolz geworden ist.

ELEKTRA: Aus meinem jugendlichen Stolz? Ihr trauert viel mehr Eurer Jugend nach, als daß Ihr Euer Verbrechen bedauert, meine Jugend haßt Ihr viel mehr als meine Unschuld.

KLYTÄMNESTRA: Mich selbst hasse ich in dir, Elektra. Nicht deine Jugend – o nein –, meine.

ELEKTRA: Und ich hasse Euch, ja Euch.

KLYTÄMNESTRA: O Schande! Wir beschimpfen uns wie zwei Frauen von gleichem Alter, die Eifersucht gegeneinander aufgebracht hat. Und dabei bin ich deine Mutter. Ich weiß nicht, wer du bist, junger Mann, noch was du bei uns willst, aber deine Gegenwart ist unheilvoll. Elektra haßt mich, und ich weiß es. Aber wir haben fünfzehn Jahre lang Stillschweigen bewahrt, und nur unsere Blicke verrieten uns. Du bist gekommen, du hast mit uns gesprochen, und schon zeigen wir die Zähne und knurren wie Hündinnen. Die Gesetze der Stadt machen es uns zur Pflicht, dir Gastfreundschaft zu gewähren, aber ich sage dir ganz offen, ich wünschte, daß du fortgehst. Was dich angeht, mein Kind, mein allzu treues Abbild, ich liebe dich nicht, das ist wahr. Aber ich schlüge mir eher die rechte Hand ab, als dir zu schaden. Das weißt du nur allzugut, und du nutzt meine Schwäche aus. Aber ich rate dir, deinen giftigen kleinen Kopf nicht gegen Ägist zu erheben: Er kann mit einem Stockschlag einer Viper das Kreuz brechen. Glaube mir, tu, was er dir befiehlt, sonst könntest du es bereuen.

ELEKTRA: Ihr könnt dem König antworten, daß ich nicht auf dem Fest erscheinen werde. Weißt du, was sie tun, Philebos? Oberhalb der Stadt ist eine Höhle, von der unsere jungen Leute nie das Ende gefunden haben; sie soll in die Hölle führen, der Große Priester hat sie mit einem riesigen Stein versperren lassen. Und, du wirst es nicht glauben, an jedem Jahrestag versammelt sich das Volk vor dieser Höhle, Soldaten schieben den Stein am Eingang beiseite, und unsere Toten, so sagt man, steigen aus der Hölle empor und verteilen sich in der Stadt. Man stellt ihnen Gedecke auf die Tische, man bietet ihnen Stühle und Betten an, man rückt ein bißchen zusammen, um ihnen in dieser Nacht Platz zu machen, sie laufen überall herum, alles ist nur noch für sie da. Du kannst dir das Lamentieren der Lebenden vorstellen: «Mein kleiner Toter, mein kleiner Toter, ich habe dich nicht beleidigen wollen, verzeih mir.» Morgen früh, beim ersten Hahnenschrei, kehren sie unter die Erde zurück, der Stein wird vor den Eingang der Grotte gewälzt, und bis zum nächsten Jahr ist der Spuk vorbei. Ich will an diesem Mummenschanz nicht teilnehmen. Das sind ihre Toten, nicht meine.

KLYTÄMNESTRA: Wenn du nicht freiwillig gehorchst, hat der König befohlen, dich mit Gewalt hinzubringen.

ELEKTRA: Mit Gewalt?... Ha! Ha! Mit Gewalt? Das ist gut. Werte Mutter, bitte versichert den König meines Gehorsams. Ich werde auf dem Fest erscheinen, und da das Volk mich dort sehen will, wird es nicht enttäuscht sein. Und du, Philebos, ich bitte dich, verschieb deinen Aufbruch, sieh dir unser Fest an. Vielleicht gibt es da für dich etwas zu lachen. Auf bald, ich geh mich zurechtmachen. *Ab.*

KLYTÄMNESTRA *zu Orest*: Geh fort. Ich bin sicher, daß du uns Unglück bringst. Du kannst uns nicht böse sein, wir haben dir nichts getan. Geh fort. Ich flehe dich an bei deiner Mutter, geh fort. *Ab.*

OREST: Bei meiner Mutter...

Jupiter tritt auf.

SECHSTE SZENE

Orest, Jupiter

JUPITER: Euer Knecht sagt mir, daß Ihr aufbrechen wollt. Er sucht vergeblich Pferde in der ganzen Stadt. Aber ich kann Euch zwei gesattelte Stuten zu einem günstigen Preis besorgen.

OREST: Ich gehe doch nicht weg.

JUPITER *langsam*: Ihr geht doch nicht weg? *Pause. Lebhaft:* Dann verlasse ich Euch nicht, Ihr seid mein Gast. Unterhalb der Stadt gibt es eine ganz gute Herberge, wo wir zusammen wohnen können. Ihr werdet es nicht bedauern, mich zum Gefährten zu haben. Erstens – abraxas, galla, galla, tse, tse – schaffe ich Euch die Fliegen vom Hals. Und zweitens kann ein Mann meines Alters manchmal einen guten Rat geben: Ich könnte Euer Vater sein, Ihr werdet mir Eure Geschichte erzählen. Kommt, junger Mann, sträubt Euch nicht: solche Begegnungen sind manchmal nützlicher, als man zunächst annimmt. Seht zum Beispiel Telemach, Ihr wißt, der Sohn des Königs Odysseus. Eines Tages hat er einen alten Herrn namens Mentor getroffen, der sich seinen Geschicken verbunden hat und ihm überallhin gefolgt ist. Nun, wißt Ihr, wer dieser Mentor war? *Er zieht ihn fort und spricht dabei weiter, während der Vorhang fällt.*

Vorhang

ZWEITER AKT

Erstes Bild

Eine ebene Fläche im Gebirge. Rechts die Höhle. Der Eingang ist mit einem großen schwarzen Stein versperrt. Links führen Stufen zu einem Tempel.

Erste Szene

Die Menge, dann Jupiter, Orest und der Pädagoge

Eine Frau *kniet vor ihrem kleinen Jungen*: Deine Krawatte. Jetzt mache ich dir schon zum drittenmal den Knoten. *Sie bürstet ihn mit der Hand ab.* So. Du bist sauber. Sei schön artig und weine mit den anderen, wenn man es dir sagt.
Das Kind: Von dort kommen sie?
Die Frau: Ja.
Das Kind: Ich habe Angst.
Die Frau: Man muß Angst haben, mein Liebling. Große Angst. Nur so wird man ein anständiger Mensch.
Ein Mann: Sie haben schönes Wetter heute.
Ein anderer: Zum Glück! Offenbar sind sie ja noch für die Wärme der Sonne empfänglich. Letztes Jahr hat es geregnet, und sie waren... unausstehlich.
Der Erste: Unausstehlich.
Der Zweite: Das kann man wohl sagen!
Der Dritte: Unter uns: Sowie sie in ihr Loch zurückgegangen sind und uns allein gelassen haben, klettere ich hier rauf, sehe mir diesen Stein an und sage mir: «Jetzt lassen sie uns für ein Jahr in Ruhe.»
Ein Vierter: Ja? Also mich kann das nicht trösten. Morgen schon denke ich: «Wie werden sie näch-

stes Jahr sein?» Von Jahr zu Jahr werden sie bösartiger.
DER ZWEITE: Sei still, du Idiot. Was, wenn einer von ihnen durch irgendeine Felsspalte geschlüpft ist und zwischen uns herumschleicht... Manche Toten kommen zu früh.
Sie sehen sich besorgt an.
EINE JUNGE FRAU: Wenn es wenigstens gleich losginge. Was machen die da im Palast? Sie beeilen sich nicht gerade. Ich finde, dieses Warten ist das Schlimmste. Man ist da, man tritt von einem Fuß auf den anderen unter einem Feuerhimmel und starrt auf diesen schwarzen Stein... Ha! Sie sind da, hinter dem Stein; sie warten wie wir und freuen sich darauf, uns Böses anzutun.
EINE ALTE: Schluß, alte Schlampe! Was der da angst macht, weiß man. Ihr Mann ist im letzten Frühjahr gestorben, und zehn Jahre lang hat sie ihm Hörner aufgesetzt.
JUNGE FRAU: Ja, das gebe ich zu, ich habe ihn betrogen, sooft ich konnte, aber ich mochte ihn und habe ihm das Leben angenehm gemacht; er hat nie etwas geahnt, und als er starb, hat er mich mit dem sanften Blick eines dankbaren Hundes angesehen. Jetzt weiß er alles, man hat ihm den Spaß verdorben, er haßt mich, er leidet. Und gleich wird er sich an mich schmiegen, sein Schattenkörper wird sich meinem Körper enger vermählen als je irgendein Lebender. Ach! Ich werde ihn nach Hause mitnehmen, um meinen Hals gelegt wie einen Pelz. Ich habe ihm schöne kleine Gerichte, Fladen, einen Imbiß vorbereitet, wie er es mochte. Aber nichts wird ihn besänftigen; und diese Nacht... diese Nacht wird er in meinem Bett sein.
EIN MANN: Sie hat recht, verdammt. Was macht Ägist? Woran denkt er? Ich kann dieses Warten nicht ertragen.
EIN ANDERER: Beklag dich nur! Meinst du, Ägist hat weniger Angst als wir? Möchtest du vielleicht an seiner Stelle sein und vierundzwanzig Stunden mit Agamemnon verbringen?
DIE JUNGE FRAU: Grauenhaftes Warten, grauenhaft. Ich

habe den Eindruck, daß ihr euch alle langsam von mir entfernt. Der Stein ist noch nicht beiseite geschoben, und schon ist jeder seinen Toten ausgeliefert, ganz allein wie ein Regentropfen.
Jupiter, Orest und der Pädagoge treten auf.
JUPITER: Komm hierher, hier können wir besser sehen.
OREST: Das sind sie also, die Bürger von Argos, die ganz treuen Untertanen des Königs Agamemnon?
DER PÄDAGOGE: Wie häßlich sie sind! Seht, Herr, ihre wächsernen Gesichter, ihre hohlen Augen. Diese Leute sterben ja vor Angst. Genau das ist die Wirkung des Aberglaubens. Seht sie Euch an, seht sie Euch an! Wenn Ihr noch einen Beweis für die Vorzüglichkeit meiner Philosophie braucht, betrachtet meinen blühenden Teint!
JUPITER: Was ist schon ein blühender Teint. Ein bißchen Wangenröte, Mann, das kann nicht verhindern, daß du in den Augen Jupiters ein Stück Dreck bist wie alle anderen hier. Geh, du stinkst, und du weißt es nicht. Die da haben wenigstens ihren eigenen Geruch in der Nase, die kennen sich besser als du dich.
EIN MANN *steigt auf die Stufen des Tempels*: Sollen wir denn verrückt werden? Laßt uns alle im Chor nach Ägist rufen, Freunde: wir können nicht aushalten, daß er die Zeremonie länger aufschiebt.
DIE MENGE: Ägist! Ägist! Erbarmen!
EINE FRAU: Soso! Erbarmen! Erbarmen! Mit mir wird niemand Erbarmen haben! Er wird mit seiner offenen Kehle kommen, der Mann, den ich so gehaßt habe, er wird mich in seine unsichtbaren klebrigen Arme schließen, er wird die ganze Nacht mein Geliebter sein, die ganze Nacht. Oh! *Sie wird ohnmächtig.*
OREST: Was für ein Wahnsinn! Man muß diesen Leuten sagen...
JUPITER: Was ist denn, junger Mann, soviel Lärm um eine Frau, der schlecht wird? Ihr werdet noch ganz anderes zu sehen bekommen.

Ein Mann *wirft sich auf die Knie*: Ich stinke! Ich stinke! Ich bin widerliches Aas. Seht, die Fliegen sitzen auf mir wie Raben! Stecht, grabt, bohrt, Rachefliegen, durchwühlt mein Fleisch bis zu meinem dreckigen Herzen. Ich habe gesündigt, ich habe tausendfach gesündigt, ich bin eine Kloake, eine Senkgrube...

Jupiter: Wacker, wacker!

Männer *heben ihn auf*: Schon gut, schon gut. Das kannst du später erzählen, wenn sie da sind.
Der Mann bleibt benommen stehen; er schnauft und rollt die Augen.

Die Menge: Ägist! Ägist! Erbarmen, befiehl, daß es anfängt. Wir können nicht mehr.
Ägist erscheint auf den Stufen des Tempels. Hinter ihm Klytämnestra und der Große Priester. Wachen.

Zweite Szene

Dieselben, Ägist, Klytämnestra, der Große Priester, die Wachen

Ägist: Ihr Hunde! Ihr wagt euch zu beklagen? Habt ihr eure Verkommenheit vergessen? Bei Jupiter, ich werde euer Gedächtnis auffrischen. *Er dreht sich zu Klytämnestra um.* Wir müssen wohl oder übel ohne sie anfangen. Aber sie soll sich hüten. Ich werde ein Exempel an ihr statuieren.

Klytämnestra: Sie hatte mir versprochen zu gehorchen. Sie macht sich zurecht, ich bin sicher; sie hat wahrscheinlich zu lange vor dem Spiegel gestanden.

Ägist *zu den Wachen*: Man suche Elektra im Palast und führe sie her, sanft oder mit Gewalt. *Die Wachen gehen ab. Zur Menge:* Auf eure Plätze. Die Männer zu meiner Rechten. Zu meiner Linken die Frauen und Kinder. Gut so. *Pause. Ägist wartet.*

DER GROSSE PRIESTER: Diese Leute können nicht mehr.
ÄGIST: Ich weiß. Wenn meine Wachen...
Die Wachen kommen zurück.
EINE WACHE: Herr, wir haben die Prinzessin überall gesucht. Aber im Palast ist niemand.
ÄGIST: Gut. Das regeln wir morgen. *Zum Großen Priester:* Fang an.
DER GROSSE PRIESTER: Schiebt den Stein beiseite!
DIE MENGE: Ah!
Die Wachen schieben den Stein beiseite. Der Große Priester geht bis zum Eingang der Höhle.
DER GROSSE PRIESTER: Ihr, die Vergessenen, die Verlassenen, die Enttäuschten, ihr, die ihr wie Dämpfe im Dunkeln am Boden entlangkriecht und die ihr nichts anderes mehr habt als euren großen Kummer, ihr Toten, auf, das ist euer Fest! Kommt, steigt aus dem Boden hervor wie ein vom Wind verwehter riesiger Schwefeldampf; kommt aus den Eingeweiden der Erde herauf, o hundertfach Tote, ihr, die jeder Herzschlag von uns aufs neue sterben macht, ich rufe euch an beim Zorn und bei der Bitterkeit und dem Geist der Rache, stillt euren Haß auf die Lebenden! Kommt herbei, verbreitet euch als dichter Dunst auf unseren Straßen, schiebt eure straffen Kohorten zwischen Mutter und Kind, zwischen Liebhaber und Geliebte, macht uns bedauern, daß wir nicht tot sind. Auf, ihr Vampire, Larven, Gespenster, Harpien, Schrecken unserer Nächte. Auf, ihr Soldaten, die lästernd starben, auf, ihr Unglücklichen, ihr Gedemütigten, auf, ihr Verhungerten, deren Todesschrei ein Fluch war. Seht, die Lebenden sind da, die fette lebende Beute! Auf, kommt wie ein Wirbelwind über sie und saugt sie aus bis auf die Knochen! Auf! Auf! Auf!... *Tamtam. Er tanzt vor dem Eingang der Höhle, erst langsam, dann immer schneller, und fällt erschöpft um.*
ÄGIST: Sie sind da!
DIE MENGE: Entsetzlich! Entsetzlich!

Orest: Das reicht, ich will...
Jupiter: Sieh mich an, junger Mann, sieh mir ins Gesicht, da, da! Du hast verstanden. Ruhe!
Orest: Wer seid Ihr?
Jupiter: Das wirst du später erfahren.
Ägist steigt langsam die Stufen des Palasts herab.
Ägist: Sie sind da. *Pause.* Er ist da, Arikia, der Gatte, den du geschmäht hast. Er ist da, an dich geschmiegt, er küßt dich. Wie er dich drückt, wie er dich liebt, wie er dich haßt! Sie ist da, Nikias, sie ist da, deine Mutter, die starb, weil du sie nicht gepflegt hast. Und du, Segestos, abscheulicher Wucherer, sie sind da, alle deine unglücklichen Schuldner, die im Elend starben oder sich aufgehängt haben, weil du sie ruiniert hast. Sie sind da, und sie sind heute deine Gläubiger. Und ihr, ihr Eltern, ihr liebevollen Eltern, schlagt ein bißchen die Augen nieder, seht nach unten, auf den Boden: Sie sind da, die toten Kinder, sie strecken ihre Händchen aus; und alle Freuden, die ihr ihnen versagt habt, alle Qualen, die ihr ihnen zugefügt habt, drücken wie Blei auf ihre grollenden und untröstlichen kleinen Seelen.
Die Menge: Erbarmen!
Ägist: O ja! Erbarmen! Wißt ihr nicht, daß die Toten kein Erbarmen haben? Ihre Anklagen sind unauslöschbar, weil ihre Rechnung für immer abgeschlossen ist. Glaubst du denn, Nikias, daß du durch Wohltaten das Böse auslöschen kannst, das du deiner Mutter angetan hast? Welche Wohltat wird sie je erreichen können? Ihre Seele ist ein glühender Mittag ohne einen Windhauch, nichts rührt sich, nichts verändert sich, nichts lebt, eine große verdorrte Sonne, eine reglose Sonne, verzehrt sie auf ewig. Die Toten sind nicht mehr – begreift ihr dieses unerbittliche Wort? –, sie sind nicht mehr, und deshalb haben sie sich zu den unbestechlichen Hütern eurer Verbrechen gemacht.
Die Menge: Erbarmen!

Ägist: Erbarmen? O ihr jämmerlichen Komödianten, heute habt ihr Publikum. Spürt ihr, wie die Blicke dieser Millionen starrer, hoffnungsloser Augen auf euren Gesichtern und auf euren Händen lasten? Sie sehen uns, sie sehen uns, wir sind nackt vor der Versammlung der Toten. Ha! Ha! Da seid ihr jetzt ganz unbeholfen; er versengt euch, dieser unsichtbare reine Blick, der unvergänglicher ist als die Erinnerung an einen Blick.

Die Menge: Erbarmen!

Die Männer: Vergebt uns, daß wir leben, während ihr tot seid.

Die Frauen: Erbarmen! Wir sind umgeben von euren Gesichtern und den Gegenständen, die euch gehörten, wir tragen ewig Trauer um euch, und wir weinen vom Morgengrauen bis zur Nacht und von der Nacht bis zum Morgengrauen. Wir können nichts dagegen tun, die Erinnerung an euch zerfasert und rinnt uns durch die Finger; jeden Tag verbleicht sie etwas mehr, und wir sind ein bißchen schuldiger. Ihr verlaßt uns, ihr verlaßt uns, ihr strömt aus uns heraus wie ein Blutfluß. Doch wenn das eure erzürnten Seelen besänftigen kann, so wisset, o ihr geliebten Toten, daß ihr uns das Leben vergällt habt.

Die Männer: Vergebt uns, daß wir leben, während ihr tot seid.

Die Kinder: Erbarmen! Wir können nichts dafür, daß wir geboren sind, und wir schämen uns alle, daß wir größer werden. Wie hätten wir euch denn kränken können? Seht, wir leben kaum, wir sind mager, blaß und ganz klein; wir machen keinen Lärm, wir gleiten dahin, ohne auch nur die Luft um uns herum zu erschüttern. Und wir haben Angst vor euch, oh, so große Angst!

Die Männer: Vergebt uns, daß wir leben, während ihr tot seid.

Ägist: Frieden! Frieden! Wenn ihr schon so jammert, was soll ich, euer König, dann sagen? Denn meine Marter hat begonnen: Die Erde bebt, und die Luft hat sich ver-

finstert; der größte der Toten wird erscheinen, der, den ich eigenhändig getötet habe, Agamemnon.
OREST *zieht sein Schwert*: Hurenbock! Ich lasse nicht zu, daß du bei deinem Mummenschanz den Namen meines Vaters in den Mund nimmst!
JUPITER *faßt ihn um den Körper*: Hört auf, junger Mann, hört auf!
ÄGIST *dreht sich um*: Wer wagt es? *Elektra ist in einem weißen Kleid auf den Stufen des Tempels erschienen. Ägist sieht sie.* Elektra!

DRITTE SZENE

Dieselben, Elektra

ÄGIST: Elektra, antworte, was bedeutet dieser Aufzug?
ELEKTRA: Ich habe mein schönstes Kleid angezogen. Haben wir nicht heute einen Festtag?
DER GROSSE PRIESTER: Willst du die Toten verhöhnen? Das ist ihr Fest, das weißt du ganz genau, und du hättest in Trauergewändern erscheinen müssen.
ELEKTRA: In Trauergewändern? Warum in Trauergewändern? Ich habe keine Angst vor meinen Toten, und mit Euren habe ich nichts zu schaffen!
ÄGIST: Wie wahr: Deine Toten sind nicht unsere Toten. Seht sie euch an in ihrem Hurenkleid, die Enkelin des Atreus, des Atreus, der feige seine Neffen erschlug. Was bist du denn, wenn nicht der letzte Sproß eines verfluchten Geschlechts! Aus Mitleid habe ich dich in meinem Palast geduldet, aber heute erkenne ich meinen Fehler, denn immer noch fließt das alte verkommene Blut der Atriden in deinen Adern, und du würdest uns alle damit verseuchen, wenn ich hier nicht Ordnung schüfe. Warte nur ein bißchen, Hündin, und du wirst sehen, ob ich zu strafen weiß. Deine Augen werden für deine Tränen nicht ausreichen.

Die Menge: Gotteslästerin!
Ägist: Hörst du, Wahnsinnige, das Murren dieses Volkes, das du beleidigt hast, hörst du den Namen, den es dir gibt? Wäre ich nicht da, um seinen Zorn zu zügeln, würde es dich auf der Stelle in Stücke reißen.
Die Menge: Gotteslästerin!
Elektra: Ist es denn Gotteslästerung, fröhlich zu sein? Warum sind sie nicht fröhlich? Was hindert sie daran?
Ägist: Sie lacht, und ihr toter Vater ist da, mit geronnenem Blut auf dem Gesicht...
Elektra: Ihr wagt es, von Agamemnon zu sprechen? Wißt Ihr denn, ob er nicht nachts zu mir kommt und mir ins Ohr spricht? Wißt Ihr denn, was er mir mit rauher und gebrochener Stimme von Liebe und Sehnsucht zuwispert? Ich lache, das stimmt, zum erstenmal in meinem Leben, ich lache, ich bin glücklich. Wollt Ihr etwa behaupten, mein Glück erfreue nicht das Herz meines Vaters? Oh! Wenn er da ist, wenn er seine Tochter im weißen Kleid sieht, seine Tochter, die Ihr auf den abscheulichen Rang einer Sklavin herabgewürdigt habt, wenn er sieht, daß sie ihre Stirn erhebt und daß das Unglück ihren Stolz nicht gebrochen hat, dann – dessen bin ich sicher – wird er mich nicht verfluchen. Seine Augen leuchten in seinem gemarterten Gesicht, und seine blutenden Lippen versuchen zu lächeln.
Die junge Frau: Und wenn sie wahr spräche?
Stimmen: Aber nein, sie lügt, sie ist wahnsinnig. Elektra, geh fort, wir flehen dich an, sonst kommt deine Gottlosigkeit über uns.
Elektra: Wovor habt ihr denn Angst? Ich blicke um euch herum, und ich sehe nur eure Schatten. Aber hört, was ich gerade erfahren habe, und was ihr vielleicht nicht wißt: Es gibt glückliche Städte in Griechenland. Weiße und friedliche Städte, die sich wie Eidechsen in der Sonne wärmen. Zu dieser Stunde, unter diesem Himmel spielen Kinder auf den Plätzen von Korinth. Und ihre Mütter

bitten nicht um Vergebung, daß sie sie in die Welt gesetzt haben. Sie sehen sie lächelnd an, sie sind stolz auf sie. O Mütter von Argos, versteht ihr? Könnt ihr noch den Stolz einer Frau verstehen, die ihr Kind ansieht und denkt: «Ich habe es in meinem Schoß getragen?»

Ägist: Willst du endlich still sein, oder ich werde dafür sorgen, daß dir die Worte im Halse steckenbleiben.

Stimmen in der Menge: Ja, ja! Sie soll still sein. Genug, genug!

Andere Stimmen: Nein, laßt sie sprechen! Laßt sie sprechen! Agamemnon spricht aus ihr.

Elektra: Es ist schönes Wetter. Überall in der Ebene erheben die Menschen das Haupt und sagen: «Es ist schönes Wetter», und sie sind froh. O ihr, die ihr euch selbst quält, habt ihr jene bescheidenen Freuden des Bauern vergessen, der über sein Feld geht und sagt: «Es ist schönes Wetter»? Ihr laßt die Arme hängen, senkt den Kopf und atmet kaum. Eure Toten heften sich an euch, und ihr rührt euch nicht aus Angst, sie bei der kleinsten Bewegung zu stoßen. Das wäre schrecklich, nicht wahr? Wenn eure Hände plötzlich durch einen kalten Dampf greifen würden, die Seele eures Vater oder eures Ahnen? – Aber seht mich an: Ich strecke die Arme aus, ich mache mich groß und recke mich wie jemand, der aufwacht, ich fülle meinen Platz in der Sonne aus, meinen ganzen Platz. Fällt mir der Himmel aufs Haupt? Ich tanze, seht ihr, ich tanze, und ich spüre nur den Wind in meinen Haaren. Wo sind die Toten? Glaubt ihr, daß sie mit mir tanzen, im Takt?

Der Grosse Priester: Bewohner von Argos, ich sage euch, diese Frau ist eine Gotteslästerin. Wehe ihr und allen, die auf sie hören.

Elektra: O meine teuren Toten, Iphigenie, meine ältere Schwester, Agamemnon, mein Vater und mein einziger König, hört mein Gebet. Wenn ich eine Gotteslästerin bin, wenn ich eure leidvollen Manen beleidige, so gebt ein Zeichen, gebt mir schnell ein Zeichen, damit ich es weiß. Aber wenn ihr mich billigt, meine Teuren, dann schweigt, ich bitte euch, und daß sich kein Blatt rege, kein Grashalm, daß kein Geräusch meinen heiligen Tanz störe, denn ich tanze für die Freude, ich tanze für den Frieden der Menschen, ich tanze für das Glück und für das Leben. O meine Toten, ich verlange euer Schweigen, damit die Menschen, die mich umgeben, wissen, daß euer Herz mit mir ist. *Sie tanzt.*

STIMMEN IN DER MENGE: Sie tanzt! Seht sie, leicht wie eine Flamme, sie tanzt in der Sonne wie der flatternde Stoff einer Fahne – und die Toten schweigen!

DIE JUNGE FRAU: Seht ihre Ekstase! Nein, das ist nicht das Gesicht einer Gottlosen. Nun, Ägist, Ägist! Du sagst nichts? Warum antwortest du nicht?

ÄGIST: Redet man denn mit stinkenden Tieren? Man vernichtet sie. Es war ein Fehler, sie zu schonen; aber dieser Fehler kann wiedergutgemacht werden. Keine Angst, ich werde sie am Boden zertreten, und ihr Geschlecht wird mit ihr erlöschen.

DIE MENGE: Drohen ist keine Antwort, Ägist! Hast du uns nichts anderes zu sagen?

DIE JUNGE FRAU: Sie tanzt, sie lächelt, sie ist glücklich, und die Toten scheinen sie zu schützen. Oh! Beneidenswerte Elektra! Sieh, auch ich breite die Arme aus und biete meinen Busen der Sonne dar!

STIMME IN DER MENGE: Die Toten schweigen: Ägist, du hast uns belogen!

OREST: Teure Elektra!

JUPITER: Verdammt, ich werde dieser Göre den Mund stopfen. *Er streckt den Arm aus.* Posidon caribou caribon lüllaby.

Der große Stein, der den Eingang der Höhle versperrte, rollt mit Getöse gegen die Stufen des Tempels. Elektra hört auf zu tanzen.

DIE MENGE: Entsetzlich! Entsetzlich!

Langes Schweigen.

DER GROSSE PRIESTER: O feiges und allzu leichtsinniges Volk: die Toten rächen sich! Seht, wie die Fliegen sich in dicken Schwärmen auf uns stürzen! Ihr habt einer gotteslästerlichen Stimme gelauscht, und wir sind verflucht!

DIE MENGE: Wir haben nichts getan, das ist nicht unsere Schuld, sie ist gekommen, sie hat uns mit ihren vergifteten Worten betört! In den Fluß mit der Hexe, in den Fluß! Auf den Scheiterhaufen!

EINE ALTE FRAU *zeigt auf die junge Frau*: Und die da, die ihre Reden wie Honig einsaugte, reißt ihr die Kleider vom Leib, zieht sie nackt aus und peitscht sie bis aufs Blut!

Man ergreift die junge Frau. Männer erklimmen die Stufen und stürzen auf Elektra zu.

ÄGIST *hat sich wieder aufgerichtet*: Ruhe, ihr Hunde. Geht geordnet auf eure Plätze zurück und überlaßt mir die Züchtigung. *Schweigen.* Nun? Ihr habt gesehen, was es kostet, mir nicht zu gehorchen? Zweifelt ihr jetzt an eurem Oberhaupt? Geht nach Hause, die Toten begleiten euch, sie werden den ganzen Tag und die ganze Nacht eure Gäste sein. Räumt ihnen einen Platz an eurem Tisch, an eurem Herd, auf eurem Lager ein, und bemüht euch, daß sie durch euer vorbildliches Verhalten alles vergesen! Ich aber vergebe euch, obwohl euer Argwohn mich verletzt hat. Aber du, Elektra...

ELEKTRA: Was? Mein Streich ist mißlungen. Das nächste Mal werde ich es besser machen.

ÄGIST: Dazu werde ich dir keine Gelegenheit geben. Die Gesetze der Stadt verbieten mir, an diesem Festtag zu strafen. Das wußtest du, und das hast du ausgenutzt. Aber du gehörst nicht mehr zur Stadt, ich verbanne dich. Barfuß und ohne Bündel wirst du mit diesem abscheulichen Kleid am Körper aufbrechen. Wenn du morgen bei Sonnenaufgang noch in unseren Mauern weilst, dann

gebe ich den Befehl, daß jeder dich wie ein räudiges Schaf erschlagen soll. *Mit den Wachen ab.*
Die Menge zieht fäustereckend an Elektra vorbei.
JUPITER *zu Orest*: Nun, Meister? Seid Ihr erbaut? Das ist, wenn ich mich nicht sehr irre, eine moralische Geschichte: Die Bösen sind bestraft und die Guten belohnt. *Zeigt auf Elektra:* Diese Frau...
OREST: Diese Frau ist meine Schwester, Mann! Geh, ich will mit ihr sprechen.
JUPITER *sieht ihn einen Augenblick an und zuckt die Achseln*: Wie du willst. *Mit dem Pädagogen ab.*

VIERTE SZENE

Elektra auf den Stufen des Tempels, Orest

OREST: Elektra!
ELEKTRA *hebt den Kopf und sieht ihn an*: Ach, du bist es, Philebos?
OREST: Du kannst nicht mehr in dieser Stadt bleiben, Elektra. Du bist in Gefahr.
ELEKTRA: In Gefahr? Ach ja, richtig, du hast gesehen, wie mein Streich mißlungen ist. Das ist ein bißchen deine Schuld, weißt du, aber ich bin dir nicht böse.
OREST: Was habe ich denn getan?
ELEKTRA: Du hast mich getäuscht. *Sie steigt zu ihm herab.* Laß mich dein Gesicht sehen. Ja, deine Augen haben mich betört.
OREST: Die Zeit drängt, Elektra. Hör zu, wir wollen zusammen fliehen. Jemand wird mir Pferde besorgen, du kannst hinter mir aufsitzen.
ELEKTRA: Nein.
OREST: Du willst nicht mit mir fliehen?
ELEKTRA: Ich will nicht fliehen.
OREST: Ich nehme dich mit nach Korinth.

Elektra *lacht*: Ha! Korinth... Siehst du, du tust es nicht absichtlich, aber du täuschst mich schon wieder. Was soll ich denn in Korinth? Ich muß vernünftig sein. Gestern hatte ich noch ganz bescheidene Wünsche: Als ich mit niedergeschlagenen Augen das Essen servierte, sah ich durch die Wimpern das königliche Paar, die schöne Alte mit dem toten Gesicht und ihn, fett und bleich, mit seinem schlaffen Mund und diesem schwarzen Bart, der vom einen Ohr zum anderen geht wie ein Spinnenregiment, und ich träumte davon, eines Tages einen Hauch zu sehen, einen dünnen Hauch, der wie ein Atem an einem kalten Morgen aus ihren offenen Leibern aufsteigt. Das ist alles, was ich wollte, Philebos, ich schwöre es dir. Ich weiß nicht, was du willst, aber ich darf dir nicht glauben: du hast keine bescheidenen Augen. Du weißt, was ich dachte, bevor ich dich kennenlernte? Daß der Weise nichts anderes auf Erden wünschen kann, als einmal das Böse zu vergelten, das man ihm angetan hat.

Orest: Elektra, wenn du mir folgst, wirst du sehen, daß man noch ganz andere Dinge wünschen kann, ohne daß man aufhört, weise zu sein.

Elektra: Ich will dich nicht anhören, du hast mir viel Böses angetan. Du bist gekommen mit deinen gierigen Augen in deinem sanften Mädchengesicht und hast mich meinen Haß vergessen lassen, ich habe meine Hände aufgemacht und meinen einzigen Schatz fallengelassen. Ich wollte glauben, daß ich die Leute hier mit Worten heilen kann. Du hast gesehen, was passiert ist: Sie lieben ihr Übel, sie brauchen eine vertraute Wunde, die sie sorgfältig pflegen, indem sie sie mit ihren schmutzigen Nägeln aufkratzen. Durch Gewalt muß man sie heilen, denn man kann das Übel nur durch ein anderes Übel überwinden. Lebwohl, Philebos, geh fort, überlaß mich meinen bösen Träumen!

Orest: Sie werden dich umbringen.

Elektra: Es gibt hier ein Heiligtum, den Apollotempel,

dorthin flüchten sich manchmal Verbrecher, und solange sie dort bleiben, kann ihnen niemand ein Haar krümmen. Dort werde ich mich verstecken.

OREST: Warum weist du meine Hilfe zurück?

ELEKTRA: Es ist nicht deine Sache, mir zu helfen. Jemand anders wird kommen, um mich zu befreien. *Pause.* Mein Bruder ist nicht tot, ich weiß es. Und ich warte auf ihn.

OREST: Und wenn er nicht käme?

ELEKTRA: Er wird kommen, er muß einfach kommen. Er ist von unserem Geschlecht, verstehst du, er hat das Verbrechen und das Unglück im Blut wie ich. Er ist ein großer Soldat, mit den großen roten Augen unseres Vaters, und Wut treibt ihn um, er leidet, er hat sich in sein Schicksal verheddert, wie aufgeschlitzte Pferde sich mit ihren Beinen in den Eingeweiden verheddern, und welche Bewegung er auch macht, er reißt sich seine Eingeweide aus. Er wird kommen, diese Stadt zieht ihn an, dessen bin ich sicher, weil er hier das größte Übel anrichten kann, weil er sich hier selbst das größte Übel antun kann. Er wird kommen, mit gesenkter Stirn, leidend und stampfend. Er macht mir angst. Jede Nacht sehe ich ihn im Traum und wache schreiend auf. Aber ich warte auf ihn, und ich liebe ihn. Ich muß hierbleiben, um seinen Zorn zu lenken – denn ich bin hartnäckig –, um mit dem Finger auf die Schuldigen zu zeigen und ihm zu sagen: «Stoß zu, Orest, stoß zu: Da sind sie!»

OREST: Und wenn er nicht so wäre, wie du ihn dir vorstellst?

ELEKTRA: Wie soll er denn sein, der Sohn Agamemnons und Klytämnestras?

OREST: Und wenn er dieses ganze Blutvergießen leid wäre, da er in einer glücklichen Stadt aufgewachsen ist?

ELEKTRA: Dann werde ich ihm ins Gesicht spucken und sagen: «Geh, du Hund, geh zu den Frauen, denn du bist nichts als eine Frau. Aber deine Rechnung geht nicht

auf: Du bist der Enkel von Atreus, du wirst dem Schicksal
der Atriden nicht entkommen. Du hast dem Verbrechen
die Schande vorgezogen, das steht dir frei. Aber das
Schicksal wird dich in deinem Bett aufsuchen: Erst wirst
du dich schämen, und dann wirst du gegen deinen Willen
das Verbrechen begehen!»

OREST: Elektra, ich bin Orest.

ELEKTRA *schreiend*: Du lügst!

OREST: Bei den Manen meines Vaters Agamemnon
schwöre ich dir: Ich bin Orest. *Pause.* Nun? Worauf wartest du, um mir ins Gesicht zu spucken?

ELEKTRA: Wie könnte ich? *Sie sieht ihn an.* Diese schöne
Stirn ist die Stirn meines Bruders. Diese leuchtenden
Augen sind die Augen meines Bruders. Orest... Oh!
Mir wäre lieber gewesen, du bliebest Philebos und mein
Bruder wäre tot. *Zaghaft:* Stimmt es, daß du in Korinth
gelebt hast?

OREST: Nein. Athener Bürger haben mich aufgezogen.

ELEKTRA: Wie jung du aussiehst. Hast du dich niemals geschlagen? Hast du dieses Schwert, das du an der Seite
trägst, niemals benutzt?

OREST: Niemals.

ELEKTRA: Ich fühlte mich weniger allein, als ich dich noch
nicht kannte: ich wartete auf den anderen. Ich dachte nur
an seine Stärke und niemals an meine Schwäche. Jetzt
bist du da, Orest, das warst du. Ich schaue dich an und
sehe, daß wir zwei Waisenkinder sind. *Pause.* Aber ich
liebe dich, weißt du. Mehr als ich ihn geliebt hätte.

OREST: Komm, wenn du mich liebst, fliehen wir gemeinsam!

ELEKTRA: Fliehen? Mit dir? Nein. Hier erfüllt sich das Los
der Atriden, und ich bin eine Atridin. Ich verlange nichts
von dir. Von Philebos will ich nichts mehr verlangen.
Aber ich bleibe hier.

*Jupiter erscheint im Hintergrund der Bühne und ver-
steckt sich, um sie zu belauschen.*

OREST: Elektra, ich bin Orest... dein Bruder. Auch ich bin ein Atride, und dein Platz ist an meiner Seite.
ELEKTRA: Nein. Du bist nicht mein Bruder, und ich kenne dich nicht. Orest ist tot, um so besser für ihn. Von nun ehre ich seine Manen mit denen meines Vaters und meiner Schwester. Du aber, der du den Namen Atride beanspruchst, wer bist du, daß du behauptest, einer von uns zu sein? Hast du dein Leben im Schatten eines Mordes verbracht? Du mußt ein friedliches Kind mit einer sanften, nachdenklichen Miene sein, der Stolz deines Adoptivvaters, ein gut gewaschenes Kind mit vertrauensseligen Augen. Du hattest Vertrauen zu den Leuten, weil sie dir breit zulächelten, zu den Tischen, zu den Betten, zu den Treppenstufen, weil sie treue Diener des Menschen sind, zum Leben, weil du reich warst und viel Spielzeug hattest; du mußtest manchmal denken, daß die Welt gar nicht so schlecht sei und daß es eine Lust wäre, sich ihr hinzugeben wie einem schönen lauen Bad, seufzend vor Wohlbehagen. Ich war mit sechs Jahren Dienstmagd, und ich mißtraute allem. *Pause*. Geh, schöne Seele. Mit schönen Seelen habe ich nichts zu schaffen, einen Komplizen brauche ich.
OREST: Meinst du, daß ich dich allein lasse? Was würdest du hier tun, wo du deine letzte Hoffnung verloren hast?
ELEKTRA: Das ist meine Sache. Lebwohl, Philebos.
OREST: Du jagst mich weg? *Er macht einige Schritte und bleibt stehen.* Dieser rächende Reiter, auf den du gewartet hast, ist es meine Schuld, wenn ich ihm nicht ähnle? Du hättest ihn an der Hand genommen und gesagt: «Stoß zu!» Von mir hast du nichts verlangt. Wer bin ich denn, verdammt, daß meine eigene Schwester mich zurückstößt, ohne daß sie mich auch nur auf die Probe gestellt hat?
ELEKTRA: Ach, Philebos, ich könnte niemals dein Herz ohne Haß mit einer solchen Last beschweren.
OREST *niedergeschlagen*: Du sprichst wahr: ohne Haß.

Ohne Liebe auch. Dich hätte ich lieben können. Hätte
ich können... Aber was? Um lieben, um hassen zu
können, muß man sich hingeben. Er ist schön, der Mann
mit dem reichen Blut, der fest inmitten seiner Güter
steht, der sich eines Tages der Liebe, dem Haß hingibt
und mit ihm sein Land, sein Haus und seine Erinnerungen. Was bin ich und was hätte ich hingeben können? Ich
existiere kaum, von allen Gespenstern, die heute durch
die Stadt streichen, bin ich das gespenstischste. Ich habe
gespenstische Liebe kennengelernt, zaghaft, spärlich wie
schwacher Dunst, aber die starken Leidenschaften der Lebenden kenne ich nicht. *Pause.* Welche Schande! Ich bin
in meine Geburtsstadt zurückgekehrt, und meine Schwester hat sich geweigert, mich zu erkennen. Wohin soll ich
jetzt gehen? In welcher Stadt soll ich herumirren?
ELEKTRA: Gibt es keine, wo dich ein Mädchen mit schönem
Gesicht erwartet?
OREST: Niemand erwartet mich. Ich gehe von Stadt zu
Stadt, den anderen und mir selbst fremd, und die Städte
schließen sich hinter mir wie ein stilles Wasser. Wenn ich
Argos verlasse, was bleibt dann von meinem Aufenthalt,
außer der bitteren Enttäuschung meines Herzens?
ELEKTRA: Du hast mir von glücklichen Städten erzählt...
OREST: Was bedeutet mir das Glück. Ich will meine Erinne-
rungen, meinen Boden, meinen Platz unter den Menschen von Argos. *Pause.* Elektra, ich gehe nicht von hier
fort.
ELEKTRA: Philebos, geh fort, ich flehe dich an, du tust mir
leid, geh fort, wenn ich dir etwas bedeute, hier kann dir
nur Schlimmes zustoßen, und deine Unschuld brächte
meine Pläne zum Scheitern.
OREST: Ich gehe nicht fort.
ELEKTRA: Und du glaubst, ich lasse dich hierbleiben, mit
deiner lästigen Reinheit als einschüchternder, stummer
Richter meiner Handlungen? Warum versteifst du dich
darauf? Niemand will dich hier haben.

Orest: Das ist meine einzige Chance. Elektra, du kannst sie mir nicht verweigern. Versteh mich, ich will von irgendwoher stammen, ein Mensch unter Menschen. Sieh, wenn ein Sklave vorbeikommt, erschöpft und verbittert, mit einer schweren Last sich fortschleppt und auf seine Füße starrt, nur auf seine Füße, um nicht hinzufallen, ist er in seiner Stadt wie ein Blatt im Laub, wie der Baum im Wald, Argos ist um ihn herum, ganz schwer und ganz warm, ganz erfüllt von sich selbst; ich will dieser Sklave sein, Elektra, ich will die Stadt um mich herumziehen und mich in sie einwickeln wie in eine Decke. Ich gehe nicht fort.

Elektra: Auch wenn du hundert Jahre bei uns bleibst, wirst du immer nur ein Fremder sein, einsamer als auf einer Landstraße. Die Leute werden dich aus den Augenwinkeln ansehen, durch die halbgeschlossenen Lider, und sie werden leiser sprechen, wenn du an ihnen vorbeigehst.

Orest: Ist es denn so schwer, euch zu dienen? Mein Arm kann die Stadt verteidigen, und ich habe Gold, um eure Armen zu unterstützen.

Elektra: Es fehlt uns weder an Hauptleuten noch an frommen Seelen, die Gutes tun.

Orest: Dann also... *Er läßt den Kopf hängen und macht einige Schritte.*
Jupiter erscheint, sieht ihn an und reibt sich die Hände.

Orest *hebt den Kopf*: Wenn ich wenigstens klar sähe! O Zeus, König des Himmels, selten habe ich mich an dich gewandt, und du bist mir kaum günstig gewesen, aber du bist mein Zeuge, daß ich immer nur das Beste gewollt habe. Jetzt bin ich es leid. Ich kann nicht mehr unterscheiden, was gut und böse ist, und mein Weg muß mir vorgezeichnet werden. Zeus, muß der aus seiner Geburtsstadt verjagte Sohn eines Königs sich wirklich fromm mit der Verbannung abfinden und mit eingezogenem Kopf den Platz räumen wie ein Hund? Ist das dein

Wille? Das kann ich nicht glauben. Und doch... und
doch hast du verboten, Blut zu vergießen... Ach! Wer
spricht von Blutvergießen, ich weiß nicht mehr, was ich
sage... Zeus, ich flehe dich an, wenn Ergebenheit und
abscheuliche Demut die Gesetze sind, die du mir aufer-
legst, dann bekunde deinen Willen durch irgendein Zeichen, denn ich sehe nicht mehr klar.

JUPITER *zu sich selbst*: Aber bitte, zu deinen Diensten!
Abraxas, abraxas, tse-tse!
Licht umstrahlt den Stein.

ELEKTRA *fängt an zu lachen*: Ha! Ha! Heute regnet es
Wunder! Sieh, frommer Philebos, sieh, was man davon
hat, die Götter zu befragen! *Sie hat einen Lachanfall.*
Der gute junge Mann... der fromme Philebos: «Gib mir
ein Zeichen, Zeus, gib mir ein Zeichen!» Und schon umstrahlt Licht den heiligen Stein. Geh fort! Nach Korinth!
Nach Korinth! Geh fort!

OREST *sieht zum Stein hin*: Also... d a s ist das Gute? *Eine
Pause, er sieht immer noch zum Stein hin.* Sich leise
davonmachen. Ganz leise. Immer «Verzeihung» und
«Danke» sagen... ist es das? *Pause, er sieht immer noch
zum Stein hin.* Das Gute. Ihr Gutes... *Pause.* Elektra!

ELEKTRA: Geh schnell, geh schnell. Enttäusche diese weise
Amme nicht, die sich von der Höhe des Olymps über dich
beugt. *Sie hält verblüfft inne.* Was hast du?

OREST *mit veränderter Stimme*: Es gibt einen anderen
Weg.

ELEKTRA *erschrocken*: Spiel nicht den Bösen, Philebos. Du
hast nach den Befehlen der Götter verlangt. Nun, jetzt
kennst du sie.

OREST: Befehle?... Ach so... Du meinst das Licht dort um
den großen Kiesel? Es ist nicht für mich, dieses Licht, und
niemand kann mir jetzt mehr Befehle geben.

ELEKTRA: Du sprichst in Rätseln.

OREST: Wie weit du plötzlich von mir weg bist..., wie sich
alles verändert hat! Etwas Lebendiges und Warmes war

um mich herum. Etwas, was gerade gestorben ist. Wie leer alles ist.... Oh, diese unermeßliche Leere, soweit das Auge reicht... *Er macht einige Schritte.* Die Nacht bricht an... Findest du nicht, daß es kalt ist?... Aber was ist es denn... was ist es denn, das gerade gestorben ist?

ELEKTRA: Philebos...

OREST: Ich sage dir, es gibt einen anderen Weg... meinen Weg. Du siehst ihn nicht? Er geht von hier aus und führt in die Stadt hinunter. Man muß ihn hinuntergehen, verstehst du, hinuntergehen bis zu euch, ihr seid unten in einem Loch, ganz unten... *Er geht auf Elektra zu.* Du bist meine Schwester, Elektra, und diese Stadt ist meine Stadt. Meine Schwester! *Er greift nach ihrem Arm.*

ELEKTRA: Laß mich! Du tust mir weh, du machst mir angst – und ich gehöre dir nicht.

OREST: Ich weiß. Noch nicht: ich bin zu leicht. Ich muß mich mit einem schweren Verbrechen belasten, das mich bis auf den Grund von Argos sinken läßt.

ELEKTRA: Was hast du vor?

OREST: Warte. Ich will mich von meiner Schwerelosigkeit trennen. Ich will mich von meiner Jugend trennen. Es gibt Abende, Abende in Korinth oder in Athen, voller Gesänge und Düfte, die mir niemals mehr gehören werden. Vormittage voller Hoffnung auch... Also lebt wohl, lebt wohl! *Er geht auf Elektra zu.* Komm, Elektra, sieh unsere Stadt. Da ist sie, rot unter der Sonne, summend von Menschen und Fliegen in der Erstarrung eines Sommertags, sie stößt mich zurück mit ihren Mauern, ihren Dächern, ihren verschlossenen Türen. Und trotzdem kann man sie nehmen, das spüre ich seit heute morgen. Und auch dich, Elektra, kann man nehmen. Ich werde euch nehmen. Ich werde ein Beil sein und diese hartnäckigen Mauern spalten, ich werde diesen bigotten Häusern den Bauch aufschlitzen, aus ihren klaffenden Wunden wird ein Geruch von Fraß und Weihrauch strömen, ich werde eine Axt sein und werde mich in das Herz dieser Stadt schlagen wie die Axt ins Herz einer Eiche.

ELEKTRA: Wie du dich verändert hast: Deine Augen leuchten nicht mehr, sie sind glanzlos und finster. Schade! Du warst so sanft, Philebos. Und jetzt sprichst du mit mir, wie der andere im Traum mit mir sprach.

OREST: Hör zu, all diese Leute, die umgeben von ihren teuren Abgeschiedenen in finsteren Zimmern schlottern, denk dir, daß ich all ihre Verbrechen auf mich nehme. Denk dir, daß ich den Namen «Reuedieb» verdienen will und daß ich ihre Buße in mich aufnehme: die der Frau, die ihren Mann betrog, die des Kaufmanns, der seine Mutter sterben ließ, die des Wucherers, der seine Schuldner bis zum Tod ausquetschte. Sag, an jenem Tag, da ich von noch mehr Gewissensbissen heimgesucht sein werde, als es Fliegen in der Stadt gibt, von allen Gewissensbissen der Stadt, hätte ich dann nicht das Bürgerrecht bei euch erworben? Wäre ich dann nicht zu Hause in euren blutigen Mauern, so wie der Metzger mit seiner roten Schürze in seinem Laden zu Hause ist, zwischen den blutenden Rindern, die er häuten will?

ELEKTRA: Du willst für uns büßen?

OREST: Büßen? Ich habe gesagt, daß ich eure Reue in mich aufnehme, aber ich habe nicht gesagt, was ich mit diesem kreischenden Geflügel machen werde: Vielleicht ihm den Hals umdrehen.

ELEKTRA: Und wie willst du dich mit all unseren Übeln belasten?

OREST: Ihr wollt sie doch nur abschütteln. Allein der König und die Königin halten sie gewaltsam in euren Herzen fest.

ELEKTRA: Der König und die Königin... Philebos!

OREST: Die Götter sind meine Zeugen, daß ich nicht ihr Blut vergießen wollte.

Lange Pause.

ELEKTRA: Du bist zu jung, zu schwach...

Orest: Schreckst du jetzt zurück? Versteck mich im Palast, führ mich heute abend zum königlichen Lager, und du wirst sehen, ob ich zu schwach bin!
Elektra: Orest!
Orest: Elektra! Du hast mich zum erstenmal Orest genannt.
Elektra: Ja. Du bist es. Du bist Orest. Ich erkenne dich nicht, denn so habe ich dich nicht erwartet. Aber dieser bittere Geschmack in meinem Mund, dieser Fiebergeschmack, tausendmal habe ich ihn in meinen Träumen gehabt, und ich erkenne ihn wieder. Du bist also gekommen, Orest, und deine Entscheidung ist gefallen, und nun stehe ich wie in meinen Träumen an der Schwelle einer nicht wiedergutzumachenden Tat, und ich habe Angst – wie im Traum. Oh, lang erwarteter und gefürchteter Moment! Jetzt werden die Augenblicke ineinandergreifen wie die Räder einer Maschine, und wir werden keine Ruhe mehr haben, bis sie beide auf dem Rücken liegen, mit Gesichtern wie zerquetschte Maulbeeren. All dieses Blut! Und du wirst es vergießen, du, der du so sanfte Augen hattest. Oh, niemals werde ich diese Sanftheit wiedersehen, niemals werde ich Philebos wiedersehen. Orest, du bist mein älterer Bruder und das Haupt unserer Familie, nimm mich in deine Arme, beschütze mich, denn wir gehen großem Leid entgegen!
Orest nimmt sie in die Arme. Jupiter kommt aus seinem Versteck und schleicht sich davon.

Vorhang

Zweites Bild

Im Palast, Thronsaal. Eine schreckliche, blutige Jupiterstatue. Abend.

Erste Szene

Elektra tritt als erste auf und winkt Orest herbei.

OREST: Sie kommen! *Er nimmt sein Schwert in die Hand.*
ELEKTRA: Das sind Soldaten, die ihre Runde machen. Folge mir, wir werden uns hier verstecken.
Sie verstecken sich hinter dem Thron.

Zweite Szene

Dieselben im Versteck, zwei Soldaten

ERSTER SOLDAT: Ich weiß nicht, was die Fliegen heute haben, sie spielen verrückt.
ZWEITER SOLDAT: Sie spüren die Toten, und das freut sie. Ich wage nicht mehr zu gähnen aus Angst, daß sie mir ins offene Maul fliegen und in meiner Kehle Karussell fahren. *Elektra zeigt sich einen Augenblick und versteckt sich wieder.* Horch, da hat was geknackt.
ERSTER SOLDAT: Das ist Agamemnon, der sich auf seinen Thron setzt.
ZWEITER SOLDAT: Und unter dessen breitem Arsch der Sitz knarrt? Unmöglich, Kamerad, Tote haben kein Gewicht.
ERSTER SOLDAT: Das gemeine Volk hat kein Gewicht. Aber er war vor seinem Tod ein lebendiger König, der gut und gern seine 125 Kilo wog. Unwahrscheinlich, daß ihm nicht einige Pfunde davon geblieben sind.
ZWEITER SOLDAT: Also... du glaubst, er ist da?
ERSTER SOLDAT: Wo soll er denn sonst sein? Wenn ich ein

toter König wäre und jedes Jahr vierundzwanzig Stunden Urlaub hätte, dann würde ich mich mit Sicherheit wieder auf meinen Thron setzen und dort den ganzen Tag damit verbringen, an die schönen Tage von früher zu denken, und keinem etwas tun.

ZWEITER SOLDAT: Das sagst du, weil du lebendig bist. Aber wenn du es nicht mehr wärst, hättest du dasselbe Laster wie die anderen. *Der erste Soldat haut ihm eine runter.* Eh! Eh!

ERSTER SOLDAT: Das ist nur zu deinem Besten, sieh her, ich habe sieben auf einen Schlag getötet, einen ganzen Schwarm.

ZWEITER SOLDAT: Tote?

ERSTER SOLDAT: Nein. Fliegen. Meine Hände sind ganz blutig. *Er wischt sie sich an der Hose ab.* Verdammte Fliegen.

ZWEITER SOLDAT: Gäben die Götter doch, daß es Totgeburten wären. Sieh all die Toten, die hier sind: sie sagen keinen Pieps. Sie passen auf, daß sie nicht stören. Mit den krepierten Fliegen wäre es ähnlich.

ERSTER SOLDAT: Sei still. Wenn ich daran denke, daß es hier obendrein noch Gespenster von Fliegen gäbe...

ZWEITER SOLDAT: Warum nicht?

ERSTER SOLDAT: Stell dir mal vor! Da krepieren von diesen Viechern Millionen am Tag. Wenn man alle auf die Stadt losließe, die seit dem letzten Sommer gestorben sind, dann würden für eine lebende 365 Tote um uns herumschwirren. Puh! Die Luft wäre mit Fliegen gezuckert, man würde Fliegen essen, Fliegen atmen, sie würden in klebrigen Haufen in unsere Lungen und Gedärme rutschen... Sag mal, vielleicht schweben deshalb so merkwürdige Gerüche in diesem Zimmer.

ZWEITER SOLDAT: Bah! Ein Saal von tausend Fuß im Quadrat wie dieser hier, den können schon einige tote Menschen verpesten. Unsere Toten sollen aus dem Mund stinken.

Erster Soldat: Na hör mal, diese Leute quälen sich.
Zweiter Soldat: Ich sage dir, da ist was: der Fußboden knackt.
Sie sehen von rechts aus hinter dem Thron nach, Orest und Elektra weichen nach links aus, gehen an den Thronstufen vorbei und kehren in dem Moment von rechts in ihr Versteck zurück, in dem die Soldaten links wieder hervorkommen.
Erster Soldat: Du siehst, da ist niemand. Es ist Agamemnon, sage ich dir, der heilige Agamemnon! Er sitzt wahrscheinlich auf diesen Kissen: aufrecht wie ein I – und er sieht uns an. Was soll er denn sonst machen als uns ansehen.
Zweiter Soldat: Wir sollten lieber Haltung annehmen, auch wenn die Fliegen uns an der Nase kitzeln.
Erster Soldat: Ich würde lieber im Gardekorps eine schöne Partie spielen. Dort sind die Toten, die wiederkehren, Kameraden, einfache Landser wie wir. Aber wenn ich daran denke, daß der selige König da ist und die fehlenden Knöpfe an meiner Jacke zählt, fühle ich mich komisch, als wenn der General die Parade abnimmt.
Ägist, Klytämnestra und Diener mit Lampen treten auf.
Ägist: Man lasse uns allein.

Dritte Szene

Ägist, Klytämnestra, im Versteck Orest und Elektra

Klytämnestra: Was habt Ihr?
Ägist: Habt Ihr gesehen? Wenn ich sie nicht erschreckt hätte, hätten sie sich um Handumdrehen von ihren Gewissensbissen befreit.
Klytämnestra: Ist das alles, was Euch beunruhigt? Ihr werdet ihren Mut immer im richtigen Augenblick zu Eis erstarren lassen.

ÄGIST: Möglich. Ich bin nur allzu geschickt für solche Komödien. *Pause.* Ich bedaure, daß ich Elektra habe bestrafen müssen.

KLYTÄMNESTRA: Weil sie meine Tochter ist? Ihr habt es so gewollt, und ich finde alles richtig, was Ihr tut.

ÄGIST: Weib, nicht deinetwegen bedaure ich es.

KLYTÄMNESTRA: Weswegen dann? Ihr mochtet Elektra nicht.

ÄGIST: Ich habe es satt. Seit fünfzehn Jahren halte ich die Reue eines ganzen Volkes am ausgestreckten Arm in die Höhe. Seit fünfzehn Jahren kleide ich mich wie eine Vogelscheuche. All diese schwarzen Gewänder haben langsam auf meine Seele abgefärbt.

KLYTÄMNESTRA: Aber Herr, auch ich...

ÄGIST: Ich weiß, Weib, ich weiß, du willst mir von deinen Gewissensbissen sprechen. Nun, ich beneide dich um sie, sie füllen dein Leben aus. Ich habe keine, aber keiner in Argos ist so traurig wie ich.

KLYTÄMNESTRA: Mein teurer Herr... *Sie tritt an ihn heran.*

ÄGIST: Laß mich in Ruhe, Dirne! Schämst du dich nicht vor diesen Augen?

KLYTÄMNESTRA: Vor diesen Augen? Wer sieht uns denn?

ÄGIST: Was? Der König. Heute früh sind die Toten losgelassen worden.

KLYTÄMNESTRA: Herr, ich flehe Euch an... Die Toten sind unter der Erde und werden uns so bald nicht stören. Habt Ihr vergessen, daß Ihr diese Märchen für das Volk selber erfunden habt?

ÄGIST: Du hast recht, Weib. Du siehst, wie ich es satt habe. Laß mich in Ruhe, ich will mich sammeln.

Klytämnestra ab.

Vierte Szene

Ägist, im Versteck Orest und Elektra

ÄGIST: Ist das, Jupiter, der König, den du für Argos brauchtest? Ich komme und gehe, ich kann laut schreien, ich führe überall meine große schreckliche Erscheinung herum, und alle, die mich sehen, fühlen sich schuldig bis ins Mark. Aber ich bin ein leeres Gehäuse, ein Tier hat mein Inneres gefressen, ohne daß ich es gemerkt habe. Jetzt sehe ich in mich hinein, und ich sehe, daß ich viel mehr tot bin als Agamemnon. Habe ich gesagt, daß ich traurig bin? Ich habe gelogen. Sie ist weder fröhlich noch traurig, die Wüste, das zahllose Nichts des Sandes unter dem klaren Nichts des Himmels: sie ist schauerlich. Oh! Ich gäbe mein Königreich, um eine Träne vergießen zu können!
Jupiter tritt auf.

Fünfte Szene

Dieselben, Jupiter

JUPITER: Was beklagst du dich: du bist ein König wie alle Könige.
ÄGIST: Wer bist du? Was machst du hier?
JUPITER: Du erkennst mich nicht?
ÄGIST: Verschwinde, oder ich lasse dich von meinen Wachen zusammenschlagen.
JUPITER: Du erkennst mich nicht? Du hast mich doch gesehen. Im Traum. Es stimmt, daß ich schrecklicher aussah. *Donner, Blitze, Jupiter bekommt ein schreckliches Aussehen. Und so?*
ÄGIST: Jupiter!
JUPITER: Endlich. *Er wird wieder heiter, geht auf die Statue*

zu. Das bin ich? So sehen sie mich, wenn sie beten, die Leute von Argos? Selten kann ein Gott seinem Abbild ins Gesicht sehen. *Pause.* Wie häßlich ich bin! Sie lieben mich sicher nicht besonders.

ÄGIST: Sie fürchten Euch.

JUPITER: Ausgezeichnet! Was habe ich davon, geliebt zu werden. Liebst du mich?

ÄGIST: Was willst du von mir? Habe ich nicht schon genug gebüßt?

JUPITER: Niemals genug!

ÄGIST: Ich breche unter der Last zusammen.

JUPITER: Übertreib nicht! Du fühlst dich ganz gut, und du bist fett. Das werfe ich dir übrigens nicht vor. Das ist gutes Königsfett, gelb wie der Talg einer Kerze, das ist nötig. Der Statur nach kannst du noch zwanzig Jahre leben.

ÄGIST: Noch zwanzig Jahre!

JUPITER: Willst du denn sterben?

ÄGIST: Ja.

JUPITER: Wenn jemand mit blankem Schwert hier eindränge, würdest du diesem Schwert deine Brust entgegenstrecken.

ÄGIST: Ich weiß nicht.

JUPITER: Hör mir zu, wenn du dich abschlachten läßt wie ein Kalb, werde ich ein Exempel an dir statuieren; du wirst im Tartaros in alle Ewigkeit König bleiben. Das ist es, was ich dir sagen wollte.

ÄGIST: Will mich denn jemand umbringen?

JUPITER: Es sieht ganz so aus.

ÄGIST: Elektra?

JUPITER: Ein anderer auch.

ÄGIST: Wer?

JUPITER: Orest.

ÄGIST: Ach! *Pause.* Das ist ganz in Ordnung, was kann ich dagegen tun?

JUPITER: «Was kann ich dagegen tun?» *Ändert seine*

Stimme: Gib sofort den Befehl, einen jungen Fremden zu ergreifen, der sich Philebos nennt. Man werfe ihn mit Elektra in irgendein Verlies – und ich verspreche dir, daß ich sie dort vergessen werde! Nun! Worauf wartest du? Ruf deine Wachen!

Ägist: Nein.

Jupiter: Würdest du die Güte haben, mir die Gründe dafür zu nennen?

Ägist: Ich habe es satt.

Jupiter: Warum siehst du auf deine Füße? Richte deine blutunterlaufenen großen Augen auf mich. Ja, ja! Du bist edel und dumm wie ein Pferd. Aber diese Art von Widerstand erzürnt mich nicht: Das ist die Würze, die deine Unterwerfung gleich noch köstlicher machen wird. Denn ich weiß, daß du schließlich nachgeben wirst.

Ägist: Ich sage Euch, daß ich mich Euren Plänen nicht fügen werde. Ich habe schon zu viel getan.

Jupiter: Mut! Weigere dich! Weigere dich! Oh! Ich lechze nach Seelen wie deiner. Deine Augen sprühen Funken, du ballst die Fäuste und schleuderst Jupiter deine Weigerung ins Gesicht. Und doch, mein Süßer, mein Pferdchen, schlechtes Pferdchen, schon seit langem hat mir dein Herz ja gesagt. Geh schon, du wirst gehorchen. Meinst du, daß ich den Olymp ohne Grund verlasse? Ich habe dich vor diesem Verbrechen warnen wollen, weil mir gefällt, es zu verhindern.

Ägist: Mich warnen... Das ist sehr merkwürdig.

Jupiter: Im Gegenteil, das ist das Natürlichste von der Welt: Ich will diese Gefahr von deinem Haupt fernhalten.

Ägist: Wer hat das denn verlangt? Und Agamemnon, habt Ihr i h n gewarnt? Er wollte doch leben.

Jupiter: O undankbare Natur, o unseliger Charakter, du bist mir teurer als Agamemnon, ich beweise es dir, und du beklagst dich.

Ägist: Teurer als Agamemnon? Ich? Orest ist Euch teuer.

Ihr habt geduldet, daß er mich ins Verderben stürzte, Ihr habt zugelassen, daß ich mit dem Beil in der Hand direkt auf die Badewanne des Königs zurannte – und sicher habt Ihr Euch da oben die Lippen geleckt bei dem Gedanken, daß die Seele des Sünders köstlich ist. Aber heute schützt Ihr Orest vor ihm selbst – und mich, den Ihr dazu getrieben habt, den Vater zu töten, mich habt Ihr auserwählt, dem Sohn in den Arm zu fallen. Ich war gerade gut genug, einen Mörder abzugeben. Aber mit ihm, Verzeihung, hat man sicher anderes vor.

JUPITER: Was für ein seltsamer Neid. Beruhige dich, ich liebe ihn nicht mehr als dich. Ich liebe niemanden.

ÄGIST: Da seht Ihr, was Ihr aus mir gemacht habt, ungerechter Gott. Und antwortet: Wenn Ihr heute das Verbrechen verhindert, das Orest vorhat, warum habt Ihr dann meins zugelassen?

JUPITER: Nicht alle Verbrechen mißfallen mir gleichermaßen, Ägist, wir sind unter Königen, und ich rede offen mit dir: Das erste Verbrechen habe ich begangen, als ich die Menschen sterblich schuf. Was konntet ihr Mörder danach tun? Eure Opfer in den Tod befördern? Ach was, sie trugen ihn schon in sich, ihr habt sein Eintreten höchstens etwas beschleunigt. Weißt du, was Agamemnon zugestoßen wäre, wenn du ihn nicht erschlagen hättest? Drei Monate später hätte er am Busen einer schönen Sklavin einen Schlaganfall bekommen. Aber dein Verbrechen war mir nützlich.

ÄGIST: Es war Euch nützlich? Seit fünfzehn Jahren büße ich dafür, und es war Euch nützlich? Pech!

JUPITER: Na und? Weil du dafür büßt, ist es mir nützlich, ich liebe Verbrechen, die sich auszahlen. Deins gefiel mir, weil es ein blinder und tauber, unbewußter, antiker Mord war, der eher einer Katastrophe als einer menschlichen Tat glich. Keinen Augenblick lang hast du mir getrotzt: Du hast zugeschlagen in einem Anfall von Wut und Angst, und als dann das Fieber gefallen war, hast du deine

Tat mit Entsetzen betrachtet und sie nicht erkennen wollen. Welchen Nutzen habe ich indessen daraus gezogen! Für einen Toten zwanzigtausend Büßende, das ist die Bilanz. Kein schlechter Tausch.

Ägist: Ich sehe, was all diese Reden verbergen sollen: Orest wird keine Reue empfinden.

Jupiter: Kein bißchen! In dieser Stunde schmiedet er ganz still, kaltblütig und methodisch seine Pläne. Was soll ich mit einem Mord ohne Reue, einem unverschämten Mord, einem friedlichen Mord, leicht wie der Dunst in der Seele des Mörders. Das werde ich verhindern! Oh! Ich hasse die Morde der neuen Generation: Sie sind nutzlos und überflüssig wie Unkraut. Er wird dich töten wie ein Huhn, der sanfte junge Mann, und er wird mit roten Händen und reinem Gewissen fortgehen; an deiner Stelle fühlte ich mich gedemütigt. Los! Ruf die Wachen!

Ägist: Ich habe Euch schon nein gesagt. Das Verbrechen, das sich ankündigt, mißfällt Euch allzusehr, als daß es mir nicht gefiele.

Jupiter *wechselt den Ton*: Ägist, du bist König, und an deine Königsehre appelliere ich, denn du herrschst gern.

Ägist: Und?

Jupiter: Du haßt mich, aber wir sind verwandt, ich habe dich nach meinem Bild gemacht: Ein König ist ein Gott auf Erden, edel und schauerlich wie ein Gott.

Ägist: Schauerlich? Ihr?

Jupiter: Sieh mich an! *Lange Pause*. Ich habe dir gesagt, daß du nach meinen Bild gemacht bist. Beide sorgen wir für Ordnung, du in Argos, ich in der Welt, und dasselbe Geheimnis lastet schwer auf unseren Herzen.

Ägist: Ich habe kein Geheimnis.

Jupiter: Doch. Dasselbe wie ich. Das schmerzliche Geheimnis der Götter und Könige: daß die Menschen frei sind. Sie sind frei, Ägist, du weißt es, und sie wissen es nicht.

Ägist: Verdammt, wenn sie es wüßten, würden sie meinen

Palast anstecken. Seit fünfzehn Jahren spiele ich Komödie, um ihnen ihre Macht zu verbergen.

JUPITER: Da siehst du, wie ähnlich wir uns sind.

ÄGIST: Ähnlich? Mit welcher Ironie behauptet ein Gott, mir ähnlich zu sein? Seit ich herrsche, fügen sich alle meine Taten und Worte zu meinem Bild zusammen, ich will, daß jeder meiner Untertanen es in sich trägt und bis in seine Einsamkeit hinein meinen strengen Blick auf seinen geheimsten Gedanken lasten fühlt. Aber ich selbst bin mein erstes Opfer: Ich sehe mich nicht mehr so, wie sie mich sehen, ich beuge mich über den offenen Brunnen ihrer Seelen, und mein Bild ist da unten am Grund, es widert mich an und fasziniert mich. Allmächtiger Gott, was bin ich anderes als die Angst, die die anderen vor mir haben?

JUPITER: Was glaubst du, was ich bin? *Er zeigt auf die Statue.* Auch ich habe mein Bild. Meinst du, daß mir nicht vor ihm schwindelt? Seit hunderttausend Jahren tanze ich vor den Menschen. Einen langsamen und düsteren Tanz. Sie müssen mich ansehen: Solange sie mich anstarren, vergessen sie, in sich selbst hineinzusehen. Wenn ich mich nur einen Augenblick vergäße und zuließe, daß ihr Blick sich abwendet...

ÄGIST: Was dann?

JUPITER: Laß. Das geht nur mich etwas an. Du hast es satt, Ägist, aber worüber beklagst du·dich? Du wirst sterben. Ich nicht. Solange es Menschen auf dieser Erde gibt, werde ich dazu verurteilt sein, vor ihnen zu tanzen.

ÄGIST: Schrecklich! Aber wer hat uns denn verurteilt?

JUPITER: Niemand anders als wir selbst, denn wir haben dieselbe Leidenschaft. Du liebst die Ordnung, Ägist.

ÄGIST: Die Ordnung. Das stimmt. Wegen der Ordnung habe ich Klytämnestra verführt, wegen der Ordnung habe ich meinen König getötet, ich wollte, daß Ordnung herrsche und daß sie durch mich herrsche. Ich habe ohne Verlangen, ohne Liebe, ohne Hoffnung gelebt: ich habe

Ordnung gemacht. O schreckliche göttliche Leidenschaft.

JUPITER: Jede andere wäre uns versagt: Ich bin Gott, und du bist zum König geboren.

ÄGIST: Du sagst es.

JUPITER: Ägist, mein Geschöpf und mein sterblicher Bruder, im Namen dieser Ordnung, der wir beide dienen, befehle ich dir: Ergreife Orest und seine Schwester!

ÄGIST: Sind sie so gefährlich?

JUPITER: Orest weiß, daß er frei ist.

ÄGIST *lebhaft*: Er weiß, daß er frei ist. Dann genügt es nicht, ihn in Ketten zu legen. Ein freier Mensch in einer Stadt ist wie ein räudiges Schaf in einer Herde. Er wird mein ganzes Königreich verseuchen und mein Werk zerstören. Allmächtiger Gott, worauf wartest du, um ihn zu zerschmettern?

JUPITER: Um ihn zu zerschmettern? *Pause. Kraftlos und zusammengesunken*: Ägist, die Götter haben noch ein Geheimnis...

ÄGIST: Was sagst du da?

JUPITER: Wenn erst einmal die Freiheit in einer Menschenseele aufgebrochen ist, vermögen die Götter nichts mehr gegen diesen Menschen. Denn das ist eine Sache der Menschen, und nur den Menschen – ihnen ganz allein – kommt es zu, ihn laufenzulassen oder ihn zu erwürgen.

ÄGIST *sieht ihn an*: Ihn zu erwürgen?... Gut. Ich werde dir sicher gehorchen. Aber verlang nicht noch mehr, und bleib nicht länger hier, denn ich kann es nicht ertragen. *Jupiter ab.*

Sechste Szene

Ägist bleibt einen Moment allein, dann Elektra und Orest

ELEKTRA *zur Tür springend*: Stoß zu! Laß ihm nicht die Zeit zu schreien; ich verbarrikadiere die Tür.
ÄGIST: Du bist es also, Orest?
OREST: Wehr dich!
ÄGIST: Ich werde mich nicht wehren. Es ist zu spät zum Rufen, und ich bin glücklich, daß es zu spät ist. Aber ich werde mich nicht wehren: Ich will, daß du mich ermordest.
OREST: Gut. Das Mittel ist nebensächlich. Ich werde also ein Mörder sein. *Er stößt mit seinem Schwert zu.*
ÄGIST: Du hast getroffen. *Er klammert sich an Orest.* Ich will dich ansehen. Stimmt es, daß du keine Gewissensbisse hast?
OREST: Gewissensbisse? Weshalb? Was ich tue, ist gerecht.
ÄGIST: Gerecht ist, was Jupiter will. Du warst hier versteckt und hast gehört, was er sagte.
OREST: Was kümmert mich Jupiter? Gerechtigkeit ist Menschensache, und ich brauche keinen Gott, der sie mich lehrt. Es ist gerecht, dich zu erschlagen, widerlicher Schurke, und deine Herrschaft über die Einwohner von Argos zu zerstören; es ist gerecht, ihnen das Gefühl für ihre Würde wiederzugeben. *Er stößt ihn zurück.*
ÄGIST: Ich habe Schmerzen.
ELEKTRA: Er schwankt, und sein Gesicht ist bleich. Entsetzlich! Wie häßlich, ein sterbender Mensch.
OREST: Sei still! Er soll keine Erinnerung mit ins Grab nehmen als unsere Freude.
ÄGIST: Seid verflucht, beide!
OREST: Bist du denn immer noch nicht tot? *Er stößt zu, Ägist fällt um.*
ÄGIST: Hüte dich vor den Fliegen, Orest, hüte dich vor den Fliegen. Es ist noch nicht alles zu Ende. *Er stirbt.*

OREST *stößt ihn mit dem Fuß*: Für ihn ist jedenfalls alles zu
 Ende. Führ mich zur Kammer der Königin!
ELEKTRA: Orest...
OREST: Was ist?...
ELEKTRA: Sie kann uns nicht mehr schaden...
OREST: Na und?... Ich erkenne dich nicht mehr wieder.
 Vorhin sprachst du noch ganz anders.
ELEKTRA: Orest... ich kenne dich auch nicht mehr wieder.
OREST: Gut, ich gehe allein. *Ab.*

SIEBENTE SZENE

Elektra allein

ELEKTRA: Wird sie schreien? *Pause. Sie lauscht.* Er läuft
 den Gang entlang. Wenn er die vierte Tür aufgemacht
 hat... Oh! Ich habe es gewollt! Ich will es, ich muß es
 noch immer wollen. *Sie sieht nach Ägist.* Der da ist tot.
 Das wollte ich. Es war mir nicht klar. *Sie tritt zu ihm.*
 Hundertmal habe ich ihn im Traum an dieser Stelle liegen
 sehen, mit einem Schwert im Herzen. Seine Augen waren zu, er sah aus, als schliefe er. Wie ich ihn haßte, wie
 glücklich ich war, ihn zu hassen. Er sieht nicht aus, als ob
 er schliefe, und seine Augen sind offen, er sieht mich an.
 Er ist tot – und mein Haß ist mit ihm gestorben. Und ich
 bin da; und ich warte, und die andere lebt noch in ihrer
 Kammer, und gleich wird sie schreien. Schreien wie am
 Spieß. Oh! Ich kann diesen Blick nicht mehr ertragen.
 Sie kniet hin und wirft einen Mantel über Ägists Gesicht.
 Was wollte ich denn? *Stille. Dann Schreien Klytämnestras.* Er hat zugestoßen. Es war unsere Mutter, und er
 hat zugestoßen. *Sie steht wieder auf.* So. Meine Feinde
 sind tot. Jahrelang habe ich diesen Tod im voraus genossen, und jetzt ist mir beklommen ums Herz. Habe ich
 mich fünfzehn Jahre lang belogen? Das ist nicht wahr!

Das kann nicht wahr sein, ich bin nicht feige! Diese Minute habe ich gewollt, und ich will sie immer noch. Ich wollte dieses widerliche Schwein vor meinen Füßen liegen sehen. *Sie reißt den Mantel weg.* Was schert mich dieser Blick eines toten Fisches. Ich habe ihn gewollt, diesen Blick, und ich genieße ihn. *Schwächere Schreie Klytämnestras.* Soll sie nur schreien! Soll sie nur schreien! Ich will diese Entsetzensschreie, und ich will ihre Qualen. *Die Schreie hören auf.* O Freude! Freude! Ich weine vor Freude: meine Feinde sind tot, und mein Vater ist gerächt.

Orest kommt mit einem blutigen Schwert in der Hand zurück. Elektra läuft zu ihm hin.

Achte Szene

Elektra, Orest

ELEKTRA: Orest! *Sie wirft sich in seine Arme.*
OREST: Wovor hast du Angst?
ELEKTRA: Ich habe keine Angst, ich bin trunken. Trunken vor Freude. Was hat sie gesagt? Hat sie lange um Gnade gebettelt?
OREST: Elektra, ich bereue nicht, was ich getan habe, aber ich mag nicht darüber sprechen: Es gibt Erinnerungen, die man nicht teilen kann. Du sollst nur wissen, daß sie tot ist.
ELEKTRA: Hat sie uns verflucht? Sag mir nur das: Hat sie uns verflucht?
OREST: Ja, sie hat uns verflucht.
ELEKTRA: Nimm mich in die Arme, mein Geliebter, und drück mich, so fest du kannst! Wie dicht die Nacht ist, und wie wenig die Lichter dieser Fackeln sie durchdringen! Liebst du mich?
OREST: Es ist nicht Nacht, der Tag bricht an. Wir sind frei,

Elektra, ich komme mir vor, als hätte ich dich zur Welt gebracht und mich mit dir; ich liebe dich, und du gehörst mir. Gestern noch war ich allein, und heute gehörst du mir. Das Blut vereinigt uns doppelt, denn wir sind vom selben Blut, und wir haben Blut vergossen.

ELEKTRA: Wirf dein Schwert weg! Gib mir diese Hand! *Sie nimmt seine Hand und küßt sie.* Deine Finger sind kurz und eckig. Sie sind zum Nehmen und Festhalten gemacht. Teure Hand! Sie ist weißer als meine. Wie schwer sie sich gemacht hat, um die Mörder unseres Vaters zu erschlagen! Warte. *Sie holt eine Fackel und leuchtet Orests Hand an.* Ich muß dein Gesicht anleuchten, denn die Nacht wird dichter, und ich sehe dich nicht mehr genau. Ich muß dich sehen: Wenn ich dich nicht mehr sehe, habe ich Angst um dich; ich darf dich nicht aus den Augen lassen. Ich liebe dich. Ich muß denken, daß ich dich liebe. Wie merkwürdig du aussiehst!

OREST: Ich bin frei, Elektra; die Freiheit hat mich getroffen wie ein Blitz.

ELEKTRA: Frei? Ich fühle mich nicht frei. Kannst du all das ungeschehen machen? Etwas ist passiert, und wir sind nicht mehr frei, es rückgängig zu machen. Kannst du verhindern, daß wir für immer die Mörder unserer Mutter sind?

OREST: Glaubst du, daß ich es verhindern möchte? Ich habe meine Tat vollbracht, Elektra, und diese Tat war gut. Ich werde sie auf meinen Schultern tragen, wie man Reisende über einen Fluß trägt, und ich werde sie ans andere Ufer bringen und mich dazu bekennen. Und je schwerer sie ist, desto mehr freue ich mich, denn meine Freiheit ist diese Tat. Gestern noch lief ich ziellos auf der Erde herum, und Tausende von Wegen flohen unter meinen Schritten, denn sie gehörten anderen. Ich habe sie alle geliehen, den des Treidlers, der am Fluß entlangläuft, und den Pfad des Maultiertreibers und die gepflasterte Straße der Wagenlenker; aber keiner gehörte mir. Heute gibt es nur einen, und Gott weiß, wohin der führt: Aber es ist mein Weg. Was hast du?

ELEKTRA: Ich kann dich nicht mehr sehen. Diese Lichter leuchten nicht. Ich höre deine Stimme, aber sie tut mir weh, sie ist schneidend wie ein Messer. Wird es jetzt immer so dunkel sein, selbst am Tag? Orest! Da sind sie!

OREST: Wer?

ELEKTRA: Da sind sie! Woher kommen sie? Sie hängen in schwarzen Trauben an der Decke, und sie schwärzen die Wände; sie schieben sich zwischen die Lichter und meine Augen, und ihre Schatten verdecken mir dein Gesicht.

OREST: Die Fliegen...

ELEKTRA: Hör!... Hör das Geräusch ihrer Flügel wie das Summen einer Schmiede. Sie umzingeln uns, Orest. Sie belauern uns; gleich werden sie sich auf uns stürzen, und ich werde tausend klebrige Beine an meinem Körper spüren. Wohin fliehen, Orest? Sie schwellen, sie schwellen, jetzt sind sie schon so groß wie Bienen, in dichten Schwärmen werden sie uns überall hin folgen. Entsetzlich! Ich sehe ihre Augen, ihre Millionen Augen, die uns belauern.

OREST: Was kümmern uns die Fliegen?

ELEKTRA: Es sind die Erinnyen, Orest, die Göttinnen der Reue.

STIMMEN HINTER DER TÜR: Aufmachen! Aufmachen! Wenn sie nicht aufmachen, müssen wir die Tür einschlagen.

Dumpfe Schläge gegen die Tür.

OREST: Klytämnestras Schreie haben die Wachen herbeigerufen. Komm! Führ mich ins Heiligtum Apolls; dort werden wir in Sicherheit vor den Menschen und den Fliegen die Nacht verbringen. Morgen werde ich zu meinem Volk sprechen.

Vorhang

DRITTER AKT

Erste Szene

Der Apollotempel. Halbdunkel. Eine Apollostatue in der Mitte der Bühne. Elektra und Orest schlafen zu Füßen der Statue, die Arme um deren Beine geschlungen. Die Erinnyen stehen im Kreis um sie herum; sie schlafen stehend wie Stelzvögel. Im Hintergrund eine schwere Bronzetür.

ERSTE ERINNYE *streckt sich*: Haaah! Ich habe im Stehen geschlafen, ganz gerade vor Wut, ich habe ungeheure Zornesträume gehabt, schöne Blume der Wut, schöne rote Blume in meinem Herzen. *Sie streicht um Orest und Elektra herum.* Sie schlafen. Wie weiß sie sind, wie zart sie sind! Ich werde mich über ihren Bauch und über ihre Brust wälzen wie ein Sturzbach über die Kiesel. Ich werde dieses feine Fleisch geduldig polieren, ich werde es schleifen, ich werde es abschaben, ich werde es bis auf die Knochen abnagen. *Sie macht einige Schritte.* O reiner Morgen des Hasses! Was für ein prächtiges Erwachen: Sie schlafen, sie sind feucht, sie riechen nach Fieber; ich aber bin wach, frisch und hart, meine Seele ist aus Kupfer – und ich fühle mich heilig.

ELEKTRA *im Schlaf*: Aaach!

ERSTE ERINNYE: Sie stöhnt. Geduld, bald wirst du unsere Bisse kennenlernen, aufheulen wirst du unter unseren Liebkosungen. Ich werde in dich eindringen wie ein Mann in ein Weib, denn du bist meine Gemahlin, und du wirst das Gewicht meiner Liebe zu spüren bekommen. Schön bist du, Elektra, schöner als ich; aber du wirst sehen, meine Küsse machen alt; in nicht einmal sechs Monaten wirst du gebrochen sein wie eine alte Frau, und ich werde jung bleiben. *Sie beugt sich über die beiden.*

Verderbliche und appetitliche schöne Beute; ich sehe sie an, ich sauge ihren Atem ein, und die Wut erstickt mich. Welche Wonne, den frühen Morgen des Hasses zu spüren, welche Wonne, mit Feuer in den Adern die eigenen Krallen und Kiefer zu spüren. Der Haß überschwemmt mich und verschlägt mir den Atem, er steigt wie Milch in meine Brüste. Wacht auf, meine Schwestern, wacht auf; es ist Morgen.

ZWEITE ERINNYE: Ich habe geträumt, daß ich zubiß.

ERSTE ERINNYE: Geduld: Heute werden sie von einem Gott beschützt, aber Hunger und Durst werden sie bald aus dieser Zuflucht heraustreiben. Dann kannst du sie mit allen Zähnen beißen.

DRITTE ERINNYE: Haaah! Ich will kratzen.

ERSTE ERINNYE: Warte nur ein bißchen, bald werden deine eisernen Nägel tausend rote Pfade ins Fleisch der Frevler zeichnen. Kommt näher, meine Schwestern, seht sie euch an.

EINE ERINNYE: Wie jung sie sind!

EINE ANDERE ERINNYE: Wie schön sie sind!

ERSTE ERINNYE: Freut euch: Allzuoft sind die Verbrecher alt und häßlich; die köstliche Freude, zu zerstören, was schön ist, ist nur allzuselten.

DIE ERINNYEN: Hejah! Hejahah!

DRITTE ERINNYE: Orest ist fast ein Kind. Mein Haß wird für ihn von mütterlicher Zärtlichkeit sein. Ich werde seinen bleichen Kopf auf meine Knie nehmen, ich werde sein Haar streicheln.

ERSTE ERINNYE: Und dann?

DRITTE ERINNYE: Und dann werde ich mit einem Stoß diese beiden Finger hier in seine Augen bohren.

Sie fangen alle an zu lachen.

ERSTE ERINNYE: Sie seufzen, sie bewegen sich; ihr Erwachen ist nahe. Los, meine Schwestern, meine Schwestern Fliegen, reißen wir mit unserem Gesang die Frevler aus dem Schlummer.

Chor der Erinnyen: Bss, bss, bss, bss.
Wir setzen uns auf dein verfaultes Herz wie Fliegen auf ein Stück Brot.
Verfaultes Herz, blutiges Herz, köstliches Herz.
Wir sammeln wie Bienen den Eiter und die Jauche deines Herzens.
Wir machen Honig daraus, du wirst sehen, schönen grünen Honig.
Welche Liebe könnte uns so beglücken wie der Haß?
Bss, bss, bss, bss.
Wir sind die starren Augen der Häuser.
Das Knurren der Bulldogge, die die Zähne fletscht, wenn du vorbeigehst.
Das Brummen, das über deinem Kopf am Himmel fliegt.
Das Rauschen des Waldes.
Das Pfeifen, das Knacken, das Zischen, das Heulen.
Wir sind die Nacht.
Die dichte Nacht deiner Seele.
Bss, bss, bss, bss.
Hejah! Hejah! Hejahah!
Bss, bss, bss, bss.
Wir sind die Eitersauger, die Fliegen.
Wir teilen alles mit dir,
wir holen die Nahrung aus deinem Mund und den Lichtstrahl aus der Tiefe deiner Augen.
Wir begleiten dich bis zum Grab.
Und weichen nur den Würmern.
Bss, bss, bss, bss. *Sie tanzen.*
Elektra *wacht auf*: Wer spricht? Wer seid ihr?
Die Erinnyen: Bss, bss, bss, bss.
Elektra: Ach! Da seid ihr. Was ist? Haben wir sie wirklich umgebracht?
Orest *wacht auf*: Elektra!
Elektra: Wer bist du denn? Ach! Du bist Orest. Verschwinde!

OREST: Was hast du denn?

ELEKTRA: Du machst mir angst. Ich habe geträumt, daß unsere Mutter auf den Rücken fiel und blutete, und ihr Blut floß in Rinnsalen unter allen Türen des Palasts hindurch. Faß meine Hände an, sie sind kalt. Nein, laß mich. Faß mich nicht an. Hat sie stark geblutet?

OREST: Sei still!

ELEKTRA *wacht vollständig auf*: Laß mich dich ansehen: Du hast sie umgebracht. Du warst es, der sie umgebracht hat. Du bist da, du wachst gerade auf, nichts steht auf deinem Gesicht geschrieben, und doch hast du sie umgebracht.

OREST: Und? Ja, ich habe sie umgebracht! *Pause*. Auch du machst mir angst. Du warst so schön, gestern. Es sieht aus, als wenn ein Tier dir mit seinen Krallen das Gesicht zerkratzt hätte.

ELEKTRA: Ein Tier? Dein Verbrechen. Es zerfleischt mir die Wangen und die Lider: Ich habe das Gefühl, daß meine Augen und meine Zähne bloßliegen. Und die hier? Wer sind sie?

OREST: Kümmer dich nicht um sie. Sie können dir nichts anhaben.

ERSTE ERINNYE: Soll sie doch zu uns kommen, wenn sie es wagt, und du wirst sehen, ob wir ihr nichts anhaben können.

OREST: Kusch, Hündinnen. In die Hütte! *Die Erinnyen knurren*. Die gestern im weißen Kleid auf den Stufen des Tempels tanzte, warst du das?

ELEKTRA: Ich bin gealtert. In einer Nacht.

OREST: Du bist noch schön, aber... wo habe ich denn diese toten Augen gesehen? Elektra... du ähnelst ihr; du ähnelst Klytämnestra. Lohnte es sich, sie umzubringen? Wenn ich mein Verbrechen in diesen Augen sehe, graust mir davor.

ERSTE ERINNYE: Weil ihr vor dir graust.

OREST: Stimmt das? Stimmt das, daß dir vor mir graust?

Elektra: Laß mich!

Erste Erinnye: Nun? Hast du noch den kleinsten Zweifel? Wie sollte sie dich nicht hassen? Sie lebte friedlich mit ihren Träumen, du bist gekommen und hast das Blutbad und die Gotteslästerung mitgebracht. Und da teilt sie nun deinen Frevel, gekettet an diesen Sockel, das einzige Stück Erde, das ihr bleibt.

Orest: Hör nicht hin!

Erste Erinnye: Zurück! Zurück! Jag ihn weg, Elektra, laß dich nicht von ihm anfassen. Das ist ein Schlächter! Er hat den faden Geruch frischen Blutes an sich. Er hat die Alte sehr ungeschickt getötet, du weißt es, er mußte mehrmals zustoßen.

Elektra: Lügst du nicht?

Erste Erinnye: Du kannst mir glauben, ich war da, ich summte um sie herum.

Elektra: Er hat mehrmals zugestoßen?

Erste Erinnye: Gute zehnmal. Und jedesmal machte das Schwert «krick» in der Wunde. Mit ihren Händen schützte sie Gesicht und Bauch, und er hat ihr die Hände zerstochen.

Elektra: Sie hat sehr gelitten? Sie ist nicht sofort gestorben?

Orest: Sieh nicht mehr zu ihnen hin, halt dir die Ohren zu, stell ihnen vor allem keine Fragen!

Erste Erinnye: Sie hat entsetzlich gelitten.

Elektra *verbirgt das Gesicht in den Händen*: Ha!

Orest: Sie will uns trennen, sie richtet Mauern der Einsamkeit um dich auf. Sieh dich vor: Wenn du allein bist, ganz allein und hilflos, stürzen sie sich auf dich. Elektra, wir haben diesen Mord gemeinsam beschlossen, und gemeinsam müssen wir auch die Folgen tragen.

Elektra: Du behauptest, ich hätte ihn gewollt?

Orest: Stimmt das etwa nicht?

Elektra: Nein, das stimmt nicht... halt... doch! Ach! Ich weiß es nicht mehr. Ich habe dieses Verbrechen geträumt. Aber du, du hast es begangen, Henker deiner eigenen Mutter.

DIE ERINNYEN *lachen und schreien*: Henker! Henker! Henker!

OREST: Elektra, hinter dieser Tür ist die Welt. Die Welt und der Morgen. Draußen geht über den Straßen die Sonne auf. Bald gehen wir hinaus und werden über die besonnten Straßen laufen, und diese Töchter der Nacht werden ihre Gewalt über uns verlieren. Die Strahlen des Tages werden sie durchbohren wie Schwerter.

ELEKTRA: Die Sonne...

ERSTE ERINNYE: Du wirst die Sonne nie wiedersehen, Elektra. Wir werden zwischen ihr und dir wie ein dicker Heuschreckenschwarm sein, und überall wirst du die Nacht auf deinem Kopf mit dir herumtragen.

ELEKTRA: Laßt mich! Hört auf, mich zu martern!

OREST: Deine Schwäche ist ihre Stärke. Sieh: Mir wagen sie nichts zu sagen. Hör: Ein namenloses Grauen ist über dich gekommen und trennt uns. Doch was hast du durchlebt, was ich nicht durchlebt habe? Glaubst du, daß die Schreie meiner Mutter je aufhören werden, in meinen Ohren zu gellen? Und ihre riesigen Augen – zwei aufgewühlte Meere – in ihrem Kreidegesicht, glaubst du, daß meine Augen je aufhören werden, sie zu sehen? Und die Angst, die dich quält, glaubst du, daß sie je aufhören wird, mich zu verfolgen? Aber was kümmert mich das: Ich bin frei. Jenseits der Angst und der Erinnerungen. Frei. Und mit mir eins. Du darfst dich nicht selbst hassen, Elektra. Gib mir die Hand: Ich werde dich nicht verlassen!

ELEKTRA: Laß meine Hand los! Diese schwarzen Hündinnen um mich herum erschrecken mich, aber sie erschrecken mich weniger als du.

ERSTE ERINNYE: Da siehst du! Da siehst du! Nicht wahr, Püppchen, wir machen dir weniger angst als er? Du brauchst uns, Elektra, du bist unser Kind. Du brauchst unsere Nägel, die dein Fleisch durchwühlen, du brauchst

unsere Zähne, die dir in die Brust beißen, du brauchst
unsere kannibalische Liebe, die dich von dem Haß abbringt, den du gegen dich hegst, du mußt an deinem Körper leiden, um die Leiden deiner Seele zu vergessen.
Komm! Komm! Du brauchst nur zwei Stufen runterzu-
steigen, wir werden dich mit offenen Armen empfangen,
unsere Küsse werden dein zartes Fleisch zerfetzen, und
das wird das Vergessen sein, das Vergessen am großen
reinen Feuer des Schmerzes.
DIE ERINNYEN: Komm! Komm! *Sie tanzen sehr langsam,
wie um sie zu bannen. Elektra steht auf.*
OREST *packt sie am Arm*: Geh nicht hin, ich flehe dich an,
es wäre dein Verderben.
ELEKTRA *macht sich gewaltsam los*: Ha! Ich hasse dich. *Sie
steigt die Stufen herab. Die Erinnyen stürzen sich alle
auf sie.*
ELEKTRA: Hilfe!
Jupiter tritt auf.

ZWEITE SZENE

Dieselben, Jupiter

JUPITER: In die Hütte!
ERSTE ERINNYE: Der Herr!
*Die Erinnyen ziehen sich unwillig zurück und lassen
Elektra auf der Erde liegen.*
JUPITER: Arme Kinder. *Er geht auf Elektra zu.* So weit seid
ihr also gekommen? Wut und Mitleid streiten sich in mir.
Steh wieder auf, Elektra: Solange ich da bin, werden dir
meine Hündinnen nicht weh tun. *Er hilft ihr auf.* Was für
ein schreckliches Gesicht. Eine einzige Nacht. Eine einzige Nacht! Wo ist die ländliche Frische geblieben? In
einer einzigen Nacht sind deine Leber, deine Lunge und

deine Milz zerrüttet worden, dein Körper ist nur noch ein großer Jammer. Ah! Vermessene und törichte Jugend, was für Leid habt ihr euch angetan!

OREST: Schlag nicht diesen Ton an, Mann: Er ziehmt dem König der Götter schlecht.

JUPITER: Und du, schlag nicht diesen stolzen Ton an: Einem Frevler, der gerade sein Verbrechen büßt, kommt er schwerlich zu.

OREST: Ich bin kein Frevler, und du kannst mich nicht für etwas büßen lassen, was ich nicht als Verbrechen anerkenne.

JUPITER: Du täuschst dich vielleicht, aber Geduld: Ich werde dich nicht lange im Irrtum lassen.

OREST: Quäl mich, solange du willst: Ich bereue nichts.

JUPITER: Nicht einmal das Elend, in das du deine Schwester gestürzt hast?

OREST: Nicht einmal das.

JUPITER: Elektra, hörst du? So spricht, der vorgab, dich zu lieben.

OREST: Ich liebe sie mehr als mich. Doch an ihren Leiden ist sie selbst schuld, nur sie kann sich davon befreien: Sie ist frei.

JUPITER: Und du? Bist du denn auch frei?

OREST: Das weißt du genau.

JUPITER: Sieh dich an, schamlose, törichte Kreatur: Du wirkst wahrlich erhaben, so hingekrümmt zwischen den Beinen eines schützenden Gottes und diesen ausgehungerten Hündinnen, die dich belauern. Wenn du behauptest, du seist frei, dann wird man auch die Freiheit des angeketteten Gefangenen in seinem Verlies oder die des gekreuzigten Sklaven preisen müssen.

OREST: Warum nicht?

JUPITER: Hüte dich, du reißt das Maul auf, weil Apoll dich schützt. Aber Apoll ist mein gehorsamer Diener. Ich brauche nur den kleinen Finger zu rühren, und er läßt dich im Stich.

Orest: Na und? Rühr doch den kleinen Finger, die ganze Hand!
Jupiter: Wozu? Habe ich dir nicht gesagt, daß es mir zuwider ist zu strafen? Ich bin gekommen, euch zu retten.
Elektra: Uns zu retten? Hör auf, uns zu verhöhnen, Herr der Rache und des Todes, denn es ist nicht erlaubt – nicht einmal einem Gott –, den Leidenden eine trügerische Hoffnung zu machen.
Jupiter: In einer viertel Stunde könntest du fort von hier sein.
Elektra: Gerettet?
Jupiter: Du hast mein Wort.
Elektra: Was verlangst du von mir dafür?
Jupiter: Ich verlange nichts, mein Kind.
Elektra: Nichts? Habe ich recht gehört, guter Gott, ehrwürdiger Gott?
Jupiter: Oder fast nichts. Nichts, was du mir nicht leicht gewähren könntest: ein bißchen Reue.
Orest: Paß auf, Elektra, dieses Nichts wird auf deiner Seele lasten wie ein Berg.
Jupiter *zu Elektra*: Hör nicht auf ihn. Antworte mir lieber: Warum solltest du nicht bereit sein, dieses Verbrechen zu verurteilen; ein anderer hat es doch begangen. Allenfalls kann man sagen, daß du seine Komplizin warst.
Orest: Elektra! Willst du fünfzehn Jahre Haß und Hoffnung verleugnen?
Jupiter: Wer spricht von verleugnen? Sie hat dieses Sakrileg nie gewollt.
Elektra: O ja!
Jupiter: Komm! Du kannst mir vertrauen. Lese ich denn nicht in den Herzen?
Elektra *ungläubig*. Und in meinem liest du, daß ich dieses Verbrechen nie gewollt habe? Wo ich doch fünfzehn Jahre auf Mord und Rache aus war?
Jupiter: Bah! Diese blutrünstigen Träume, denen du dich hingabst, waren eigentlich harmlos: Sie verbargen dir

deine Versklavung, sie waren Balsam für die Wunden deines Stolzes. Aber nie hast du daran gedacht, sie in die Tat umzusetzen. Oder täusche ich mich?

ELEKTRA: Ach, mein Gott, mein teurer Gott, ich wünschte, daß du dich nicht täuschtest.

JUPITER: Du bist ja noch ein ganz kleines Mädchen, Elektra. Andere kleine Mädchen möchten die reichsten, die schönsten aller Frauen sein. Und du, angezogen von dem grausigen Geschick deines Geschlechts, du wolltest die schmerzensreichste und die verbrecherischste sein. Du hast nie Böses gewollt: Du hast nur dein eigenes Unglück gewollt. In deinem Alter spielen die Kinder noch mit Puppen: Und du, arme Kleine, ohne Spielzeug und Freundinnen, du spieltest Mord, weil das ein Spiel ist, das man ganz allein spielen kann.

ELEKTRA: O ja! Ich höre dir zu, und ich sehe klar in mir.

OREST: Elektra! Elektra! Jetzt erst bist du schuldig. Was du gewollt hast, wer anders kann das wissen als du? Willst du einen anderen darüber entscheiden lassen? Warum eine Vergangenheit verleugnen, die sich nicht mehr wehren kann? Warum jene zornige Elektra verleugnen, die du warst, jene junge Göttin des Hasses, die ich so sehr geliebt habe? Und siehst du nicht, daß dieser grausame Gott dich zum besten hält?

JUPITER: Euch zum besten halten? Hört lieber, was ich euch vorschlage. Wenn ihr euer Verbrechen verwerft, setze ich euch beide auf den Thron von Argos.

OREST: An Stelle unserer Opfer?

JUPITER: Wie anders?

OREST: Und ich soll die noch warmen Gewänder des verblichenen Königs anziehen?

JUPITER: Die oder andere, das ist egal.

OREST: Natürlich, wenn sie nur schwarz sind.

JUPITER: Trägst du nicht Trauer?

OREST: Trauer um meine Mutter, ich vergaß es. Und werde ich meine Untertanen auch schwarz kleiden müssen?

JUPITER: Sie sind es schon.
OREST: Richtig. Lassen wir ihnen die Zeit, ihre alten Kleider aufzutragen. Also? Hast du verstanden, Elektra? Wenn du ein paar Tränen vergießt, bekommst du die Röcke und Blusen von Klytämnestra – diese stinkenden und dreckigen Blusen, die du fünfzehn Jahre lang mit deinen eigenen Händen gewaschen hast. Ihre Rolle erwartet dich auch, du brauchst sie nur zu übernehmen, die Täuschung wird vollkommen sein, alle Welt wird glauben, deine Mutter wiederzusehen, denn du ähnelst ihr immer mehr. Mich aber widert das stärker an, und ich werde nicht die Hosen dieses Narren anziehen, den ich getötet habe.
JUPITER: Du trägst den Kopf sehr hoch. Du hast einen Mann erstochen, der sich nicht wehrte, und eine alte Frau, die um Gnade flehte; aber wer dich hörte, ohne dich zu kennen, könnte meinen, du habest deine Geburtsstadt gerettet, indem du allein gegen dreißig kämpftest.
OREST: Vielleicht habe ich tatsächlich meine Geburtsstadt gerettet.
JUPITER: Du? Weißt du überhaupt, was hinter dieser Pforte ist? Die Männer von Argos – alle Männer von Argos. Sie warten mit Steinen, Mistgabeln und Knüppeln auf ihren Retter, um ihm ihre Dankbarkeit zu bezeigen. Du bist einsam wie ein Aussätziger.
OREST: Ja.
JUPITER: Bilde dir bloß nichts darauf ein. Sie haben dich in die Einsamkeit der Verachtung und des Abscheus verbannt, o du feigster aller Mörder.
OREST: Der feigste aller Mörder ist einer, der bereut.
JUPITER: Orest, ich habe dich geschaffen, und ich habe jedes Ding geschaffen: Sieh. *Die Wände des Tempels öffnen sich. Der Himmel wird sichtbar mit Sternen, die sich drehen. Jupiter ist im Hintergrund der Bühne. Seine Stimme ist riesig geworden – Mikrophon –, aber man kann ihn kaum verstehen.* Sieh diese Planeten, die geordnet dahin-

ziehen, ohne je aufeinanderzustoßen: Ich habe ihren Lauf geregelt nach der Gerechtigkeit. Hör die Harmonie der Sphären, diesen riesigen mineralischen Dankgesang, der in den vier Himmelsrichtungen widerhallt. *Melodram*. Durch mich pflanzen sich die Arten fort, ich habe befohlen, daß ein Mensch immer nur einen Menschen zeugt und daß das Junge eines Hundes ein Hund ist, durch mich leckt die sanfte Zunge der Flut den Sand und zieht sich zur festgesetzten Stunde wieder zurück. Ich lasse die Pflanzen wachsen, und mein Atem lenkt die gelben Wolken der Pollen um die Erde. Du bist nicht zu Hause, Eindringling; du bist in der Welt wie ein Pfahl im Fleisch, wie der Wilderer im Wald des Herrn. Denn die Welt ist gut; ich habe sie geschaffen nach meinem Willen, und ich bin das Gute. Aber du, du hast Böses getan, und die Dinge klagen dich an mit ihren versteinerten Stimmen: Das Gute ist überall, es ist das Mark des Holunders, die Frische der Quelle, die Körnung des Feuersteins, das Gewicht des Felsblocks; du wirst es überall finden, auch in der Natur des Feuers und des Lichts, selbst dein Körper verrät dich, denn er fügt sich meinen Vorschriften. Das Gute ist in dir, um dich herum: Es dringt in dich ein wie eine Sense, es erdrückt dich wie ein Berg, es trägt und treibt dich wie ein Meer; es selbst verlieh deinem bösen Vorhaben Erfolg, denn es war die Helligkeit der Kerzen, die Härte deines Schwerts, die Kraft deines Arms. Und dieses Böse, auf das du so stolz bist, dessen Urheber du dich nennst, was ist es anderes als eine Spiegelung des Seins, eine Ausflucht, ein Trugbild, dessen Existenz selbst auch wieder vom Guten getragen wird? Geh in dich, Orest: Das Universum gibt dir unrecht, und du bist eine Made im Universum. Kehr in die Natur zurück, widernatürlicher Sohn: Erkenne dein Vergehen, verabscheue es, reiß es heraus wie einen stinkenden, hohlen Zahn. Oder fürchte, daß das Meer vor dir zurückweicht, daß die Quellen auf deinem Weg versiegen, daß Steine und Felsen von deinem Weg rollen und daß die Erde unter deinen Schritten zerbröckelt.

OREST: Soll sie doch zerbröckeln! Sollen die Felsen mich verurteilen und die Pflanzen in meiner Gegenwart verwelken: Dein ganzes Universum reicht nicht aus, mir unrecht zu geben. Du bist der König der Götter, Jupiter, der König der Steine und der Sterne, der König der Wellen des Meeres. Aber du bist nicht der König der Menschen.

Die Wände rücken wieder zusammen, Jupiter taucht wieder auf, müde und gebeugt; er hat wieder seine natürliche Stimme.

JUPITER: Ich bin nicht dein König, unverschämter Wurm. Wer hat dich denn geschaffen?

OREST: Du. Aber man durfte nicht den Fehler machen, mich frei zu schaffen.

JUPITER: Ich habe dir deine Freiheit gegeben, damit du mir dienst.

OREST: Das ist möglich, aber sie hat sich gegen dich gekehrt, und wir können nichts dafür, weder der eine noch der andere.

JUPITER: Allerdings! Das ist die Entschuldigung.

OREST: Ich entschuldige mich nicht.

JUPITER: Wirklich? Weißt du, daß sie sehr nach einer Entschuldigung aussieht, diese Freiheit, deren Sklave zu sein du behauptest?

OREST: Ich bin weder Herr noch Sklave, Jupiter. Ich bin meine Freiheit! Kaum daß du mich geschaffen hast, habe ich dir schon nicht mehr gehört.

ELEKTRA: Bei unserem Vater, Orest, ich beschwore dich, füg dem Verbrechen nicht noch die Lästerung hinzu.

JUPITER: Hör auf sie. Und mach dir keine Hoffnung, sie zu überzeugen. Diese Sprache ist ziemlich neu für ihre Ohren – und ziemlich schockierend.

OREST: Auch für meine, Jupiter. Und für meine Kehle, die die Wörter herausstößt, und für meine Zunge, die sie artikuliert: Es fällt mir schwer, mich zu begreifen. Gestern noch warst du ein Schleier vor meinen Augen, ein Wachspfropfen in meinen Ohren; gestern noch hatte ich eine Entschuldigung: Du warst meine Entschuldigung, daß ich existiere, denn du hattest mich in die Welt gesetzt, damit ich deinen Zwecken diene, und die Welt war eine alte Zuhälterin, die mir ständig von dir sprach. Und dann hast du mich verlassen.

JUPITER: Dich verlassen, ich?

OREST: Gestern war ich bei Elektra; die ganze Natur drängte sich an mich heran; sie pries deine Güte, die Sirene, und überschüttete mich mit Ratschlägen. Um mich milde zu stimmen, wurde der sengende Tag milde wie ein Blick, der sich verschleiert; um mir das Vergessen der Kränkungen zu predigen, wurde der Himmel sanft wie ein Verzeihen. Meine Jugend, die deinen Befehlen gehorchte, hatte sich erhoben, sie stand vor meinem Blick, flehend wie eine Braut, die man verlassen will: Ich sah meine Jugend zum letztenmal. Aber plötzlich ist die Freiheit über mich gekommen und hat mich durchdrungen, die Natur hat von mir abgelassen, und ich hatte kein bestimmtes Alter mehr, und ich habe mich ganz allein gefühlt mitten in deiner kleinen glückseligen Welt wie einer, der seinen Schatten verloren hat; und nichts mehr war im Himmel, weder Gutes noch Böses, noch jemand, der mir Befehle geben konnte.

JUPITER: Und jetzt? Soll ich das räudige Schaf bewundern, das von der Herde abgesondert wird, oder den Aussätzigen in seinem Spital? Denk daran, Orest: Du bist ein Teil meiner Herde gewesen, mitten unter meinen Schafen hast du das Gras meiner Felder abgeweidet. Deine Freiheit ist nur eine Krätze, die dich juckt, sie ist nur eine Verbannung.

OREST: Du sagst es: eine Verbannung.

JUPITER: Das Übel sitzt nicht so tief, es stammt erst von gestern. Komm wieder zu uns. Komm zurück: Sieh, wie einsam du bist, selbst deine Schwester verläßt dich. Du bist bleich, und die Angst weitet deine Augen. Hoffst du zu leben? Da wirst du nun von einem unmenschlichen Leiden geplagt, das meiner Natur fremd, dir selbst fremd ist. Komm zurück: Ich bin das Vergessen, ich bin die Ruhe.

OREST: Mir selbst fremd, ich weiß es. Außernatürlich, widernatürlich, ohne Entschuldigung, ohne anderen Rückhalt als mich selbst. Aber ich werde nicht unter dein Gesetz zurückkehren: Ich bin dazu verurteilt, kein anderes Gesetz als mein eigenes zu haben. Ich werde nicht zu deiner Natur zurückkehren: Tausend vorgezeichnete Wege führen hier zu dir, aber ich kann nur meinem eigenen Weg folgen. Denn ich bin ein Mensch, Jupiter, und jeder Mensch muß seinen Weg erfinden. Der Natur graust vor dem Menschen, und du, du, Souverän der Götter, auch dir graust vor den Menschen.

JUPITER: Du lügst nicht: Wenn sie so sind wie du, hasse ich sie.

OREST: Hüte dich, du hast gerade deine Schwäche bekannt. Ich hasse dich nicht. Was haben wir miteinander gemein? Wir können wie zwei Schiffe aneinander vorübergleiten, ohne uns zu berühren. Du bist ein Gott, und ich bin frei: Wir sind gleichermaßen allein und haben gleichermaßen Angst. Wer sagt dir, daß ich nicht nach Reue gesucht habe in dieser langen Nacht? Reue. Schlaf. Aber ich kann keine Reue mehr empfinden. Nicht mehr schlafen.

Pause.

JUPITER: Was willst du jetzt tun?

OREST: Die Menschen von Argos sind mein Volk. Ich muß ihnen die Augen öffnen.

JUPITER: Die armen Leute! Du wirst ihnen Einsamkeit und Schande schenken, du wirst die Stoffe herunterreißen, mit denen ich sie bedeckt hatte, und du wirst ihnen plötzlich ihre Existenz zeigen, ihre obszöne, fade Existenz, die ihnen für nichts gegeben ist.

Orest: Warum sollte ich ihnen die Verzweiflung versagen, die in mir ist, wo sie doch ihr Los ist?
Jupiter: Was sollen sie denn damit anfangen?
Orest: Was sie wollen, sie sind frei, und menschliches Leben beginnt jenseits der Verzweiflung.
Pause.
Jupiter: Nun, Orest, all das war vorhergesehen. Ein Mensch mußte meine Götterdämmerung ankündigen. Du bist es also? Wer hätte das noch gestern gedacht, als er dein Mädchengesicht sah?
Orest: Hätte ich es selbst gedacht? Die Wörter, die ich sage, sind zu groß für meinen Mund, sie sprengen mich; das Schicksal, das ich trage, ist zu schwer für meine Jugend, sie ist unter ihm zerbrochen.
Jupiter: Ich mag dich nicht besonders, und doch tust du mir leid.
Orest: Du tust mir auch leid.
Jupiter: Lebwohl, Orest. *Er macht einige Schritte.* Und du, Elektra, denk an folgendes: Meine Herrschaft ist noch lange nicht zu Ende – und ich will den Kampf nicht aufgeben. Sieh zu, ob du für oder gegen mich bist. Lebwohl.
Orest: Lebwohl.
Jupiter ab.

Dritte Szene

Dieselben ohne Jupiter. Elektra steht langsam auf.

Orest: Wo gehst du hin?
Elektra: Laß mich. Ich habe dir nichts zu sagen.
Orest: Muß ich dich, nachdem ich dich erst gestern kennengelernt habe, für immer verlieren?
Elektra: Hätten die Götter doch gewollt, daß ich dich nie kennenlernte.
Orest: Elektra! Meine Schwester, meine geliebte Elektra!

Meine einzige Liebe, die einzige Süße meines Lebens, laß mich nicht ganz allein, bleib bei mir.

Elektra: Du Dieb! Ich hatte selbst fast nichts außer ein bißchen Ruhe und einige Träume. Du hast mir alles genommen, du hast eine Bettlerin bestohlen. Du warst mein Bruder, das Haupt unserer Familie, du hättest mich schützen müssen: Aber du hast mich in Blut gestürzt, ich bin rot wie ein gehäuteter Ochse; alle Fliegen sind hinter mir her, die gierigen, und mein Herz ist ein grausiges Wespennest!

Orest: Meine Geliebte, es stimmt, ich habe dir alles genommen, und ich habe dir nichts zu bieten – außer meinem Verbrechen. Aber das ist ein unermeßliches Geschenk. Glaubst du, daß es nicht wie Blei auf meiner Seele lastet. Wir waren zu leicht, Elektra: Jetzt graben sich unsere Füße in die Erde ein wie die Räder eines Wagens in einer Wagenspur. Komm, gehen wir fort, wir werden mit schweren Schritten unter unserer kostbaren Last dahinschreiten. Du wirst mir die Hand geben, und wir gehen...

Elektra: Wohin?

Orest: Ich weiß es nicht; zu uns selbst. Jenseits der Flüsse und Berge ist ein Orest und eine Elektra, die uns erwarten. Man muß sie geduldig suchen.

Elektra: Ich will dich nicht mehr hören. Du bringst mir nur Unglück, du Abscheu. *Sie springt auf die Bühne. Die Erinnyen nähern sich ihr langsam!* Hilfe, Jupiter, König der Götter und der Menschen, mein König, nimm mich in deine Arme, bring mich weg, schütze mich! Ich werde deinem Gesetz folgen, ich werde deine Sklavin und dein Ding sein, ich werde deine Füße und deine Knie küssen. Schutz mich vor den Fliegen, vor meinem Bruder, vor mir selbst, laß mich nicht allein, ich werde mein ganzes Leben der Buße weihen. Ich bereue, Jupiter, ich bereue. *Sie rennt hinaus.*

VIERTE SZENE

Orest, die Erinnyen

Die Erinnyen wollen Elektra folgen. Die erste Erinnye hält sie auf.

DIE ERSTE ERINNYE: Laßt sie, meine Schwestern, die entgeht uns. Aber dieser bleibt uns, und zwar für lange, glaube ich, denn seine kleine Seele ist zäh. Er wird doppelt leiden.
Die Erinnyen fangen an zu summen und nähern sich Orest.
OREST: Ich bin ganz allein.
ERSTE ERINNYE: Aber nein doch, o du süßester aller Mörder, ich bleibe bei dir: Du wirst sehen, welche Spiele ich erfinde, um dich zu zerstreuen...
OREST: Bis zum Tode werde ich allein sein. Danach...
ERSTE ERINNYE: Mut, meine Schwestern, er wird schwach. Seht, wie sich seine Augen weiten: Bald werden seine Nerven unter den erlesenen Arpeggios des Schreckens wie die Saiten einer Harfe klingen.
ZWEITE ERINNYE: Bald wird ihn der Hunger aus seiner Zuflucht verjagen: Noch vor heute abend werden wir den Geschmack seines Blutes kennenlernen.
Der Pädagoge tritt auf.
OREST: Arme Elektra!

FÜNFTE SZENE

Orest, die Erinnyen, der Pädagoge

DER PÄDAGOGE: Endlich, mein Herr, wo wart Ihr? Man sieht die Hand vor Augen nicht. Ich bringe Euch etwas zu essen: Die Leute von Argos belagern den Tempel, und Ihr dürft ihn auf keinen Fall verlassen: Heute nacht werden wir zu fliehen versuchen. Vorher müßt Ihr etwas essen. *Die Erinnyen versperren ihm den Weg.* Ha! Wer sind denn die da? Schon wieder Gespenster. Wie ich mich nach meinem sanften Attika sehne, wo meine Vernunft herrschte.

OREST: Versuch nicht, mir nahe zu kommen, sie würden dich lebendig zerfleischen.

DER PÄDAGOGE: Sachte, meine Hübschen. Hier, nehmt dieses Fleisch und dieses Obst, wenn meine Gaben euch besänftigen können.

OREST: Die Leute von Argos, sagst du, haben sich vor dem Tempel zusammengerottet?

DER PÄDAGOGE: Ja doch! Und ich könnte Euch nicht einmal sagen, wer am gemeinsten ist und am versessensten darauf, Euch zu schaden, diese Hübschen da oder Eure teuren Untertanen.

OREST: Gut. *Pause.* Mach diese Tür auf.

DER PÄDAGOGE: Seid Ihr wahnsinnig? Sie sind dahinter mit ihren Waffen.

OREST: Tu, was ich dir sage!

DER PÄDAGOGE: Diesmal werdet Ihr mir erlauben, Euch nicht zu gehorchen. Sie werden Euch steinigen, sage ich Euch.

OREST: Ich bin dein Herr, Alter, und ich befehle dir, diese Tür aufzumachen.

Der Pädagoge öffnet die Tür einen Spalt weit.

DER PÄDAGOGE: Oijoijoi! Oijoijoi!

OREST: Ganz weit auf!

Der Pädagoge macht die Tür auf und versteckt sich hinter einem Flügel. Die Menge stößt heftig die beiden Flügel auf und bleibt verdutzt auf der Schwelle stehen. Grelles Licht.

Sechste Szene

Dieselben, die Menge

Schreie in der Menge: Tötetet ihn! Tötet ihn! Steinigt ihn! Reißt ihn in Stücke! Tötet ihn!
Orest *hört sie nicht*: Die Sonne!
Die Menge: Gotteslästerer! Mörder! Schlächter! Wir werden dich vierteilen. Wir werden flüssiges Blei in deine Wunden gießen.
Eine Frau: Ich werde dir die Augen auskratzen.
Ein Mann: Ich werde deine Leber fressen.
Orest *ist aufgestanden*: Seid ihr es, meine treuen Untertanen? Ich bin Orest, euer König, Agamemnons Sohn, und heute ist der Tag meiner Krönung. *Ratloses Gemurmel in der Menge.* Ihr schreit nicht mehr? *Die Menge schweigt.* Ich weiß: Ich mache euch angst. Vor fünfzehn Jahren, auf den Tag genau, hat sich ein anderer Mörder vor euch hingestellt, seine Handschuhe waren bis zum Ellenbogen rot, Handschuhe aus Blut, und vor ihm habt ihr keine Angst gehabt, denn in seinen Augen habt ihr gelesen, daß er euresgleichen war und daß er nicht den Mut hatte, zu seinen Taten zu stehen. Ein Verbrechen, das einer begeht, der es nicht ertragen kann, ist nur noch das Verbrechen von niemand, nicht wahr? Es ist fast ein Zufall. Ihr habt den Verbrecher als euren König empfangen, und das alte Verbrechen ist zwischen den Mauern der Stadt herumgestrichen und hat leise geheult wie ein Hund, der seinen Herrn verloren hat. Ihr seht mich an, Leute von Argos, ihr habt begriffen, daß mein Verbrechen ganz mir gehört; im Angesicht der Sonne nehme ich es auf mich, es ist meine Daseinsberechtigung und mein Stolz, ihr könnt mich weder züchtigen noch bedauern, und deshalb mache ich euch angst. Und dennoch, o mein Volk, liebe ich euch, und für euch habe ich getötet. Für euch. Ich bin gekommen, mein Königreich einzufordern, und ihr habt mich

zurückgestoßen, weil ich nicht euresgleichen war. Jetzt bin ich euresgleichen, o meine Untertanen, wir sind durch Blut aneinander gebunden, und ich verdiene, euer König zu sein. Eure Sünde und eure Reue, eure nächtlichen Ängste, Ägists Verbrechen, alles gehört mir, ich nehme alles auf mich. Habt keine Angst vor euren Toten mehr, es sind meine Toten. Und seht, eure teuren Fliegen haben euch meinetwegen verlassen. Aber habt keine Angst, Leute von Argos: Ich setze mich nicht blutig auf den Thron meines Opfers: Ein Gott hat ihn mir angeboten, und ich habe nein gesagt. Ich möchte ein König ohne Land und ohne Untertanen sein. Lebt wohl, meine Leute, versucht zu leben: Alles ist neu hier, alles muß begonnen werden. Auch für mich beginnt das Leben. Ein merkwürdiges Leben. Und hört noch dies: Einen Sommer lang wurde Skyros von Ratten verpestet. Das war ein entsetzlicher Aussatz, sie fraßen alles; die Einwohner der Stadt glaubten, daran zugrunde zu gehen. Aber eines Tages kam ein Flötenspieler. Er stellte sich hin, mitten in der Stadt – wie ich jetzt. *Er stellt sich hin.* Er fing an, Flöte zu spielen, und alle Ratten drängten zu ihm hin. Dann machte er sich mit großen Schritten auf den Weg, so wie ich jetzt – *er steigt vom Podest herunter* – und rief den Leuten von Skyros zu: «Macht Platz!» *Die Menge macht Platz.* Und alle Ratten hoben zögernd den Kopf – wie jetzt die Fliegen. Seht! Seht die Fliegen! Und dann stürzten sie sich plötzlich auf seine Spuren. Und der Flötenspieler mit seinen Ratten verschwand für immer. So wie ich jetzt. *Ab.*
Die Erinnyen stürzen heulend hinter ihm her.

Vorhang

Jean-Paul Sartre über
Die Fliegen

1. Die Tragödie ist der Spiegel der Fatalität. Es schien mir nicht unmöglich, eine Tragödie der Freiheit zu schreiben, da ja das antike Fatum nur die Umkehrung der Freiheit ist. Orest ist frei für das Verbrechen und frei für die Zeit nach dem Verbrechen: Ich habe ihn als Opfer der Freiheit gezeigt, so wie Ödipus das Opfer seines Schicksals ist. Er sträubt sich unter dieser eisernen Faust, und doch wird er schließlich töten, sein Verbrechen auf seine Schultern nehmen und an das andere Ufer übersetzen müssen. Denn die Freiheit ist nicht irgendeine abstrakte Fähigkeit, über den Menschen zu schweben: Sie ist das absurdeste und unerbittlichste Engagement. Orest wird seinen Weg fortsetzen, ohne Rechtfertigung, ohne Entschuldigung, ohne Hilfe, allein. Wie ein Held. Wie jeder Beliebige.

2. Ich wollte die Tragödie der Freiheit im Gegensatz zur Tragödie des Schicksals behandeln. Kurz, das Thema meines Stücks ließe sich folgendermaßen zusammenfassen: «Wie verhält sich ein Mensch gegenüber einer Tat, die er begangen hat, für deren Folgen er einsteht, für die er die Verantwortung übernimmt, obwohl ihm vor dieser Tat graut?»

Ein solches Problem hat natürlich nichts mit dem Prinzip der bloßen inneren Freiheit zu tun, in der gewisse Philosophen, und nicht die unbedeutendsten, wie Bergson, die Quelle für jede Befreiung gegenüber dem Schicksal haben sehen wollen. Eine solche Freiheit bleibt immer theoretisch und rein geistig. Den Tatsachen hält sie nicht stand. Ich wollte den Fall eines Menschen in einer Situation nehmen, der sich nicht damit begnügt, sich vorzustellen, er sei frei, sondern der sich um den Preis einer außergewöhnlichen Tat befreit, und sei sie noch so ungeheuerlich, weil nur sie ihm jene endgültige Befreiung gegenüber sich selbst bringen kann.

Auf die Gefahr hin, die klassische Tragödie, deren Aufbau und deren Figuren ich übernommen habe, umzudeuten, würde ich sagen, daß mein Held den Frevel begeht, der als der unmenschlichste gilt. Seine Handlung ist die eines Rächers, denn um seinen Vater, den von einem Usurpator ermordeten König, zu rächen, tötet er diesen seinerseits. Doch er dehnt die Sühne auf seine eigene Mutter, die Königin, aus, die er ebenfalls opfert, weil sie Komplizin des ursprünglichen Verbrechens war.

Durch diese Handlung, die sich nicht von seinen Reaktionen trennen läßt, stellt er die Harmonie eines Rhythmus jenseits von Gut und Böse wieder her. Doch seine Tat wird steril bleiben, wenn sie nicht total und endgültig ist, wenn sie zum Beispiel die Hinnahme von Gewissensbissen nach sich zieht, ein Gefühl, das nur eine Umkehr ist, weil es ja einem Kleben an der Vergangenheit gleichkommt.

Frei im Bewußtsein wird der Mensch, der derart über sich selbst hinausgegangen ist, nur dann auch frei in einer Situation werden, wenn er die Freiheit für andere wiederherstellt, wenn seine Tat das Verschwinden eines bestehenden Zustands und die Wiederherstellung dessen, was sein sollte, zur Folge hat.

Die Verkürzung des Theaters verlangte eine dramatische Situation von besonderer Intensität. Wenn ich mir meinen Helden ausgedacht hätte, wäre er durch das Grauen, das er erregt hätte, unweigerlich verkannt worden. Deshalb habe ich auf eine Figur zurückgegriffen, die im Bereich des Theaters bereits situiert ist. Ich hatte keine andere Wahl.

3. Die ganze Diskussion über *Die Fliegen* dreht sich um die Frage, welchen Sinn hatte dieses Stück, als es 1943 unter der deutschen Besatzung in Paris aufgeführt wurde, und welche Bedeutung hat seine Aufführung in Berlin im Jahr 1948... Man muß das Stück durch die Zeitumstände erklaren. Von 1941 bis 1943 hatten viele den lebhaften Wunsch, daß die Franzosen in Reue versänken. Vor allem die Nazis hatten ein lebhaftes Interesse daran und mit ihnen Pétain

und seine Presse. Es galt, die Franzosen davon zu überzeugen, uns selber davon zu überzeugen, daß wir verrückt gewesen, daß wir auf die tiefste Stufe gesunken waren, daß wir wegen der Volksfront den Krieg verloren, daß unsere Eliten abgedankt hatten usw. Was war das Ziel dieser Kampagne? Sicher nicht, die Franzosen zu bessern, zu anderen Menschen zu machen. Nein, das Ziel war, uns in einen Zustand der Reue und Scham zu stürzen, der uns unfähig machen würde, Widerstand zu leisten. Wir sollten uns mit unserer Reue zufrieden geben, ja Genuß dabei empfinden. Das nützte den Nazis.

Durch mein Stück wollte ich mit meinen eigenen schwachen Mitteln dazu beitragen, diese krankhafte Reue, diese Selbstgefälligkeit in der Reue und in der Scham auszumerzen. Es ging darum, das französische Volk aufzurichten, ihm wieder Mut zu machen. Jene, die sich gegen die Regierung von Vichy erhoben hatten, die sie als Schmach empfanden, alle, die in Frankreich gegen die Naziherrschaft aufstehen wollten, haben das genau verstanden. Die damals illegal erscheinenden *Lettres françaises* hatten es deutlich gesagt.

Der zweite Grund war ein persönlicherer. In dieser Zeit ging es um die Frage der Attentate gegen die Nazis, und nicht nur gegen sie, sondern gegen alle Angehörigen der Wehrmacht. Wer an solchen Attentaten teilnahm, tat das natürlich ohne Bedenken. Er dachte bestimmt nicht daran, sich Gewissensfragen zu stellen. Für ihn herrschte der Kriegszustand, und eine Granate auf einen Feind werfen war eine Kampfhandlung. Doch das war von einem anderen Problem überlagert, einem moralischen, dem der Geiseln, die von der Wehrmacht erschossen wurden. Für drei Deutsche wurden sechs oder sieben Geiseln erschossen, und das war vom moralischen Gesichtspunkt aus etwas sehr Wichtiges. Diese Geiseln waren nicht nur unschuldig, sondern, man muß es wiederholen, sie gehörten in den meisten Fällen nicht einmal der Résistance an, und viele hatten nicht einmal etwas gegen die deutsche Wehrmacht. Anfangs waren es in der Mehrheit Juden, die noch nicht einmal die Zeit gehabt hatten, an offenen Widerstand zu denken, die keinerlei Verantwortung trugen. Das Problem solcher Attentate war also höchst prekär. Wer ein solches Attentat beging, mußte wissen, daß, wenn er sich nicht stellte, beliebig herausgegriffene Franzosen erschossen wurden. Er empfand also eine zweite Form von Reue, er mußte der Gefahr widerstehen, sich zu stellen. So muß man die Allegorie meines Stücks verstehen.

Deshalb fand man, als das Stück zum erstenmal gespielt wurde, keinen Pessimismus darin, sondern vielmehr Optimismus. Ich sagte den Franzosen: Ihr habt nichts zu bereuen, selbst die nicht, die in gewisser Weise Mörder geworden sind; ihr müßt zu euren Handlungen stehen, selbst wenn sie zum Tod Unschuldiger geführt haben. Es geht nun um die Frage: Wie kann ein Stück, das zu seiner Zeit als optimistisch angesehen wurde, heute in Deutschland eine ganz andere Interpretation, eine ganz andere Bedeutung erhalten, wie kann es in einem anderen Land als Ausdruck der Verzweiflung, als zutiefst pessimistisch erscheinen?

Wenn wir das Frankreich von 1943 und das Deutschland von 1948 betrachten, so sind diese beiden Situationen natürlich sehr verschieden, aber sie haben trotzdem etwas Gemeinsames. In beiden Fällen quält man sich wegen eines Vergehens, das die Vergangenheit betrifft. 1943 versuchte man die Franzosen davon zu überzeugen, daß sie nur ihre Vergangenheit zu betrachten hätten. Dagegen behaupteten wir, daß die wahren Franzosen in die Zukunft sehen müßten: Wer für die Zukunft arbeiten wollte, mußte in der Résistance aktiv werden, ohne Reue, ohne Gewissensbisse. Auch im heutigen Deutschland stellt sich das Problem einer Schuld, der Schuld am Naziregime. Aber diese Schuld ist eine Sache der Vergangenheit. Diese Schuld, wie man sie heute erkennen kann, ist an die Verbrechen der Nazis gebunden. Nur an diese Vergangenheit denken, sich Tag und Nacht deswegen quälen, ist ein unfruchtbares, rein negatives Gefühl. Ich habe nicht behauptet, daß man jedes Verantwortungsgefühl ausschließen müsse. Im Gegenteil, ich sage, daß der Sinn für Verantwortlichkeit notwendig ist und daß er die Zukunft erschließt. Wenn man in dem Begriff Reue unterschiedliche Bestandteile faßt, vermengt man alles, daher kommen die Mißverständnisse über den Inhalt oder die Erkenntnis des Schuldgefühls. Ich erkenne meine Schuld, und mein Gewissen leidet darunter. Das führt mich zu jenem Gefühl, das man Reue nennt. Vielleicht empfinde ich auch ein inneres Gefallen an meiner Reue. All das ist nur Passivität, Blick in die Vergangenheit, daraus läßt sich nichts gewinnen. Das Verantwortungsgefühl dagegen kann mich zu etwas anderem bringen, zu etwas Positivem, das heißt zu der notwendigen Rehabilitierung, zum Handeln für eine fruchtbare, positive Zukunft.

Quellennachweis

Les mouches (Die Fliegen), Gallimard, Paris 1943.
Wiederabgedruckt in: *Théâtre*, I, Gallimard, Paris 1947.
Deutsch in der Übersetzung von Gritta Baerlocher zuerst erschienen in: Jean-Paul Sartre, *Dramen*, Rowohlt Verlag, Stuttgart 1949. *Neuübersetzung.*

Jean-Paul Sartre über *Die Fliegen*:
1. Ankündigungstext für die Erstausgabe bei Gallimard, Paris 1943
2. Interview mit Yvon Novy in: *Comœdia* vom 24. April 1943
3. *Discussion autour des «Mouches»* (1. Februar 1948 am Hebbel-Theater in Berlin) in: *Verger* Nr. 5, 1948
Diese drei Texte wurden wiederabgedruckt in: Jean-Paul Sartre, *Un théâtre de situations* (herausgegeben von Michel Contat und Michel Rybalka), Gallimard, Paris 1973, 223 ff, 230–233. *Erstübersetzung.*

Aufführungen

Die französische Uraufführung von *Les mouches* fand am 2. Juni 1943 im Pariser Théâtre de la Cité – so hieß das Théâtre Sarah Bernhardt unter der deutschen Besatzung – in der Inszenierung von Charles Dullin, im Bühnenbild von Henri-Georges Adam und mit der Musik von Jacques Besse statt. Die Hauptrollen spielten:

Orest	Jean Lanier
Der Pädagoge	J.-F. Joffre
Jupiter	Charles Dullin
Elektra	Olga Dominique (Olga Kosakiewicz)
Klytämnestra	Délia-Col
Ägist	Henri Norbert
Der Große Priester	Paul O. Ettly

Die deutsche Erstaufführung in der Bühnenfassung von Gritta Baerlocher fand am 12. Oktober 1944 im Schauspielhaus Zürich in der Inszenierung von Leonard Steckel statt. Die Rolle des Orest spielte Ernst Ginsberg.

Bibliographie

a) Erklärungen Sartres

Ankündigungstext zu: Jean-Paul Sartre, *Les mouches*, Gallimard, Paris 1943.
Ce que nous dit Jean-Paul Sartre de sa première pièce, Interview mit Yvon Novy in: *Comœdia* vom 24. April 1943.
Pour un théâtre d'engagement. Je ferai une pièce cette année et deux films, nous dit Jean-Paul Sartre, Interview mit Jacques Baratier in: *Carrefour* vom 9. September 1944.
Qui est Jean-Paul Sartre ou l'interview sans interview, Interview mit Pierre Lorquet in: *Mondes Nouveaux* vom 21. Dezember 1944.
Qu'est-ce que l'existentialisme? Bilan d'une offensive, Interview mit Dominique Aury in: *Lettres françaises* vom 14. November 1945.
Entretien avec Jean-Paul Sartre, Interview mit Christian Grisoli in: *Paru*, Dezember 1945.
Déclaration in: *Combat* vom 24. Mai 1947.
Déclaration in: *Verger*, Nr. 2, Juni 1947.
Jean-Paul Sartre à Berlin: Discussion autour des «Mouches» in: *Verger* Nr. 5, 1948.
Ce que fut la création des «Mouches» in: *La Croix* vom 20. Januar 1951.
Rencontre avec Jean-Paul Sartre, Interview mit Gabriel d'Aubarède in: *Les Nouvelles littéraires* vom 1. Februar 1951.
Interview mit Jean Guitton in: *Die Zeit* vom 21. Juni 1951.
Dullin et «Les mouches» in: *Le Nouvel Observateur* vom 31. März 1966.
Mignon, Paul-Louis, *Jean-Paul Sartre. Le théâtre de A jusqu'à Z* in: *L'avant-Scène* Nr. 102–103, 1.–15. Mai 1968.

b) Deutsch

Anonymus, *Diskussion über «Die Fliegen»* in: *Überblick*, 1948.
Anonymus, *«Die Fliegen» – abstrakt!* in: *Der Ruf* 3. Jg., Nr. 6, 1948.

Anonymus, «*Die Fliegen*». *Deutsche Uraufführung in Düsseldorf* in: *Theater der Zeit* 3. Jg., 1948.

Anonymus, *Sartre zwischen vier Sektoren* in: *Die Zeit* 3. Jg., Nr. 7, 1948.

Anonymus, *Mißverständnisse um Sartre* in: *Unterwegs* Nr. 1, 1948.

Anonymus, *Sartre: «Die Fliegen». Aufführung in Berlin* in: *Bühnenkritik* Nr. 2, 1948.

Anonymus, «*Die Fliegen*» in: *Weltbild* 3. Jg., Nr. 1, 1948.

Astruc, Alexandre, *Freiheit und Schicksal in Sartres Dramen* in: *Quelle* Heft 1. Jg., Nr. 2, 1947.

Barzel, W., *Blinde Freiheit* in: *Stimmen der Zeit* Bd. 141, 1947.

Baurle, Wilhelm, *Die menschliche Freiheit in Sartres «Fliegen»* in: *Blätter der Freiheit* 1. Jg., Nr. 13, 1949.

Birkenfeld, G., *Sartre gegen Sartre* in: *Horizont* 3. Jg., Nr. 2, 1948.

Buesche, Albert, *Ein sonderbarer Befreier* in: *Pariser Zeitung* vom 9. Juni 1943.

Buesche, Albert, *Der Pariser und sein Theater* in: *Das Reich* vom 12. September 1943.

Deml, F., *Die Fliegenplage droht Berlin* in: *Rundfunk* 3. Jg., Nr. 4, 1948.

Ergmann, R., *Uraufführung des Schauspiels «Die Fliegen»* in: *Bühnenkritik* Nr. 7, 1947.

Eylau, Hans U./Scheidt, B., *Die Freiheit, ein Mörder zu sein? Eine Kontroverse um Sartres «Fliegen»* in: *Quelle* Heft 2. Jg., Nr. 4, 1948.

Hensel, Georg, «*Die Fliegen*» *haben noch nicht ausgespielt* in: *Theater heute* 2. Jg., Nr. 1, Januar 1961.

Hensel, Georg, *Moderne von gestern – neu erprobt. «Die Fliegen» in Wien* in: *Theater heute* 6. Jg., Heft 4, 1965.

Herbst, W., «*Die Fliegen». Gedanken zu Sartres Drama* in: *Kirche* 3. Jg., Nr. 10, 1948.

Hierse, W., *Jean-Paul Sartre: Das dramatische Werk*, Bd. 1, Beyer, Hollfeld 1986.

Hofer, W., *Deutsche Erstauffführung von Sartres «Fliegen» in Düsseldorf* in: *Rheinischer Merkur* 2. Jg., Nr. 43, 1947.

Kohut, Karl, *Sartre, «Les mouches»* in: Walter Pabst (Herausgeber), *Das moderne französische Drama*, Erich Schmidt, Berlin 1971.

Krauss, Henning, «*Les mouches*» in: *Die Praxis der ‹littérature* engagée› im Werk Sartres. 1938–1948, Carl Winter, Heidelberg 1970.

Küchler, Walter, *Gedanken zu Jean-Paul Sartres Drama «Les mouches»* in: *Neuphilosophische Zeitschrift* 1. Jg., 1949.

Lambertz, Thomas, *Sartre: «Les mouches»*, A. Lehmann, Gerbrunn bei Würzburg 1985.

Lenning, W., *Der Abfall vom Menschen* in: *Der Sonntag* 3. Jg., Nr. 2, 1948.

Marcel, Gabriel, *Existentialismus und das zeitgenössische Theater* in: *Wissenschaft und Weltbild* 9. Jg., 1955.

Marcel, Gabriel, *Die Stunde des Theaters*, München 1961.

Neuhaus, R. / Barth, J., *«Die Fliegen». Freiheit gegen Glauben* in: *Göttinger Universitätszeitung* 3. Jg., Nr. 6, 1948.

Otto, Maria, *Reue und Freiheit. Versuch über ihre Beziehung im Ausgang von Sartres Drama*, Karl Alber, München und Freiburg 1961.

Schmauch, Jochen, *Die Freiheit und die «Fliegen» von Jean-Paul Sartre* in: *Die Seele* 28. Jg., 1952.

Trilling, Lionel, *Das Ende der Aufrichtigkeit*, Hanser, München 1980.

Vietta, Egon, *Sartres «Fliegen» und das existentialistische Philosophieren* in: *Hamburgische akademische Rundschau* 2. Jg., 1947–1948.

Vogel, Heinrich, *Freiheit und Reue. Das Evangelium und die «Fliegen» von Sartre*, Berlin 1948.

W. D., *«Les mouches»* in: *Der deutsche Wegleiter* vom 19. Juni 1943.

Weber, Carl August, *Sartre: «Die Fliegen»* in: *Literarische Revue* 3. Jg., Nr. 2, 1948.

c) Andere Sprachen

Adouard, Yvon, *«Les mouches» de Jean-Paul Sartre se sont prises dans les toiles d'Hermantier* in: *France-Dimanche* vom 21. Januar 1951,

Albérès, René-Marill, *Un débauché de l'intelligence* in: *L'Écho des Étudiants* vom 19. und 26. Juni 1943.

Alter, André, *Mais où sont les «Mouches» d'antan* in: *L'Aube* vom 19. Januar 1951.

Anonymus, *À propos des «Mouches»* in: *Comœdia* vom 19. Juni 1943.

Anonymus, *Dramatized philosophy* in: *The Times Literary Supplement* vom 21. Januar 1946.

Anonymus, «*No exit*» *and* «*The flies*» in: *The New Yorker*, März 1947.

Anonymus, «*The flies*» in: *Forum*, Juni 1947.

Anonymus, «*Les mouches*» *au Vieux-Colombier* in: *L'Aurore* vom 12. Januar 1951.

Anonymus, «*The flies*» in: *New Statesman and Nation*, Dezember 1951.

Armory (L.-G. Dauriac), *Quand volent les Euménides* in: *Les Nouveaux Temps* vom 13. Juni 1943.

Artinian, Robert Willard, *Foul winds in Argos* in: *Romance Notes* 14, Herbst 1972.

Astruc, Alexandre, «*Les mouches*» in: *Poésie 43*, Juli–August–September 1943

Barjavel, René, *Au festival de Nîmes* «*Les mouches*» *se posent sur le temple de Diane* in: *Paris-Presse-l'Intransigeant* vom 9.–10. Juli 1950.

Beigbeder, Marc, *Le coup d'essai de Raymond Hermantier est un coup de maître* in: *Le Parisien libéré* vom 10. Juli 1950.

Beigbeder, Marc, *Au théâtre du Vieux-Colombier volent* «*Les mouches*» *de Jean-Paul Sartre* in: *Le Parisien libéré* vom 16. Januar 1951.

Bentley, Eric, *Jean-Paul Sartre dramatist. The thinker as playwright* in: *Kenyon Review* 8. Jg., Nr. 1, Winter 1946.

Bentley, Eric, *Their punishment fits their crime* in: *The New York Times Book Review* vom 23. Februar 1947.

Berland, Jacques, «*Les mouches*» in: *Paris-Soir* vom 15. Juni 1943

Bespaloff, Raphael, *Réflexions sur l'esprit de la tragédie* in: *Deucalion* II, 1947.

Bhatti, Tariq Yusaf, *A cry for freedom. A critique of J.-P. Sartre's* «*The flies*» in: *Explorations* 2. Jg., Nr. 2, 1975.

Blake, Patricia, *Sartre's théâtre:* «*No exit*» *and* «*The flies*» in: *Partisan Review*, 14. Jg., Nr. 3, 1947.

Blasi, Augusto, *On becoming responsible. Orestes in Aeschylous and in Sartre* in: *Review of Existential Psychology and Psychiatry* 13. Jg., Nr. 1, 1974.

Boisenbré, J. de, *Sartre:* «*Les mouches*» in: *Revivre* vom 5. Juli 1943.

Bonnat, Yves, *Sartre:* «*Les mouches*» in: *Les Beaux Arts* vom 10. Juli 1943.

Bory, Jean-Louis, *Du crépuscule des dieux au crépuscule des hommes* in: *Gazette des Lettres* vom 15. Februar 1951.

Brive, Constantin, *Tour à tour vierge, parricide, Erynnie ou harpie, Raymond Hermantier met en scène «Les mouches» de Jean-Paul Sartre* in: *Combat* vom 3. Januar 1951.

Brown, Ivor, *Old words for new* in: *The Observer* vom 2. Dezember 1951.

Brunel, Pierre (Hg.), *Jean-Paul Sartre: «Les mouches»*, Bordas, Paris 1974.

Buckley, Michael J., *«Les mouches». Antinomies within atheistic humanism* in: *Cithara* November 1963.

Bukala, Casimir R., *Sartre's Orestes. An instance of freedom as creativity* in: *Philosophy Today* 17. Jg., Frühjahr 1973.

Burdick, Dolores M., *Imagery of the «plight» in Sartre's «Les mouches»* in: *French Review*, Januar 1959.

Burdick, Dolores M., *Concept of character in Giraudoux's «Electre» and Sartre's «Les mouches»* in: *French Review*, Dezember 1959.

Cartier, Jacqueline, *Théâtre de Saint-Maur. «Les Mouches» à voir pour Electre et Oreste* in: *France-Soir* vom 18. November 1969.

Castelot, André, *«Les Mouches»* in: *Poésie 43*, Oktober–November 1943.

Cawdrey, Michel, *«Les mouches» de Sartre. Interprétation du symbolisme* in: *French Review* 42. Jg., 1958.

Champigny, Robert, *«The flies»* in: *Stages on Sartre's way 1938–1952*, Indiana University Press, Bloomington 1959.

Chaperot, Georges, *«Les mouches»* in: *Le Cri du Peuple* vom 21. Juni 1943.

Chauvet, Louis, *Critique des «Mouches» et défense de Zeus* in: *Demain* vom 27. Juni 1943.

Cohn, Ruby, *Four stages of absurdist hero* in: *Drama Survey*, Winter 1965.

Conacher, D. J., *Orestes as existentialist hero* in: *Philological Quarterly*, Oktober 1954.

Debusscher, G., *Modern masks of Orestes* in: *Modern Drama*, Dezember 1969.

Defradas, Jean, *D'Homère à Jean-Louis Barrault. Esquisse d'une histoire de «l'Orestie»* in: *L'Information Littéraire*, Januar–Februar 1957

De Lattre, Alain, *Destin et liberté dans «l'Orestie«* in: *Annales d'Esthétique* 11–12, 1972–1973.

Delmas, Christian, *Mythologie et mythe dans le théâtre français*, Droz, Genf 1986.

Derycke, Gaston, «*Les mouches*» *de Jean-Paul Sartre ou la tragédie de la liberté intérieure* in: *Cassandre* vom 4. Juli 1943.

Devay, Jean-François, *Après l'ukase des communistes nîmois contre Sartre, Raymond Hermantier: «Je jouerai ‹Les mouches› envers et contre tous!»* in: *Combat* vom 22. Mai 1950.

Devay, Jean-François, *Nîmes a frémit avec «Les mouches»* in: *Combat* vom 22. Juni 1950.

Devay, Jean-François, *La petite guerre Sartre-Hermantier* in: *Opéra* vom 10. Januar 1951.

Dickenson, Donald Hugh, *Jean-Paul Sartre. Myth and anti-myth* in: *Myth in the modern stage*, University of Illinois Press, Urbana 1969.

Drouel, Pierre, «*Les mouches*» in: *Au Pilori* vom 10. Juni 1943.

Ducrocque, Pierre, «*Les mouches*» in: *La Révolution Nationale* vom 12. Juni 1943.

Dullin, Charles, *Ce soir «Les mouches»* in: *La Gerbe* vom 3. Juni 1943.

Dumaine, Philippe, «*Les mouches*» in: *La Suisse contemporaine*, Juli 1943.

Dussane, *Notes de théâtre. 1940–1950*, Lyon 1951.

Eaton, Walter P., *A doctrine of despair* in: *The New York Herald Book's* vom 16. März 1947.

Estang, Luc, «*Les mouches*» *de Jean-Paul Sartre* in: *La Croix* vom 20. Januar 1951.

Étiemble, René, «*Les mouches*» in: *Bibliographie, Mai–Juni 1945*.

Favalelli, Max, *Au Vieux-Colombier «Les mouches» de Jean-Paul Sartre* in: *Paris-Presse* vom 16. Januar 1951.

Fenzl, R., *Debout, les morts* in: *Praxis neusprachlichen Unterrichts*, 1964.

Finot, Louis Jean L., «*Les mouches*» *au Théâtre de la Cité* in: *La Semaine de Paris* vom 1. Juli 1943.

Florence, Yves, *Les nuits de théâtre de Nîmes* in: *Le Monde* vom 12. Juni 1950.

Fraigneau, André, *Le sens grec* in: *Je suis partout* vom 11. Juni 1943.

Freedley, George, «*No exit*» *and* «*The flies*» in: *Library Journal* vom 15. März 1947.

Freeze, Donald J., *Zeus, Orestes and Sartre* in: *The New Scholasticism* 44, Nr. 2, 1970.

G. A., «Les mouches» in: L'information universitaire vom 19. Juni 1943.

G. S. (Gaston Sorbets oder Gustave Samazeuilh), «Les mouches» in: L'Illustration vom 12. Juni 1943.

Galster, Ingrid, Le théâtre de Jean-Paul Sartre devant ses premiers critiques, Gunter Narr, Tübingen 1986.

Galster, Ingrid, «Les mouches», pièce de résistance? in: lendemains 11. Jg., Nr. 42, 1986.

Gandom, Yves, «Les mouches» in: France-Illustration vom 10. Februar 1951.

Garnier-Rojan, Robert, «Les mouches» in: Mon Pays vom 27. Juni 1943.

Ghéon, Henri, «Les mouches» in: Voix Françaises v. 30. 7. 1943.

Girard, René, À propos de Jean-Paul Sartre. Rupture et création littéraire in: Georges Poulet (Hg.), Les chemins actuels de la critique, Paris 1962.

Gore, Keith, Sartre: «La nausée» and «Les mouches», Arnold, London 1970.

Green-Armytage, A. H. N., Eumenides. Two modern french plays in: Downside Review, Oktober 1952.

Guerriero, Vittorio, «Les mouches» in: Panorama vom 17. Juni 1943.

Guyon, Bernard, Sartre et le mythe d'Oreste in: Actes du Congrès, Minard, Paris 1964.

Hanzeli, Victor E., The progeny of Atreus in: Modern Drama, Mai 1960.

Hastings, Pat G., Symbolism in the adaption of greek myth by modern french dramatists in: Nottingham French Studies, Mai 1963.

Henn, T. R., The transmigration of the greeks in: The harvest of tragedy, Methuen, London 1956.

Herbault, Jean, «Les mouches» in: Images de France, Juli 1943.

Highet, Gilbert, The reinterpretation of the myths in: Virginia Quarterly Review, 25. Jg., Winter 1949.

Israel, Richard, The tragedy of human existence in Sartre's «The flies» in: Utah Academy of Sciences, Arts and Letters, 1970–1971.

J. M., «Les mouches» in: France Europe vom 12. Juni 1943.

Jenner, J.-B., Racine, Sartre, Shakespeare à la voix d'Hermantier vont inaugurer le «Premier Festival de Nîmes» in: Le Figaro vom 5. Juni 1950.

Jenner, J. B., *Au théâtre du Vieux-Colombier «Les mouches» de Jean-Paul Sartre* in: *Le Figaro* vom 16. Januar 1951.
Joly, G., *À Nîmes la Romaine Hermantier tour à tour Marc Antonine et Jupiter a reçu les honneurs du triomphe* in: *L'Aurore* vom 10. Juli 1950.
Joly, G., *Au Vieux-Colombier «Les mouches» secrètent leur miel amer* in: *L'Aurore* vom 16. Januar 1951.
Kahn, Ludwig W., *Freedom An existentialist and idealist view* in: *PMLA*, März 1949.
Kanters, Robert, *Le théâtre: Quatre grands et quelques autres* in: *Cahiers du Sud* 33. Jg., Nr. 305, 1951.
Kaufmann, Walter, *Nietzsche between Homer and Sartre* in: *Revue Internationale de Philosophie* 18. Jg., Nr. 67, 1964.
Kaufmann, Walter, *Sartre as playwright* in: Mary Warnock (Hg.), *Sartre. A collection of critical essays*, Doubleday, Garden City, New York 1971.
Kaufmann, Walter, *Nietzsche's influence on «The flies»* in: *Tragedy and Philosophy*, Princeton 1979.
L. B. (Louis Blanquie), *«Les mouches»* in: *Le Matin* vom 16. Juni 1943.
Laubreaux, Alain, *Théâtre de la Cité: «Les Mouches»* in: *Le Petit Parisien* vom 5. Juni 1943.
Laubreaux, Alain, *L'épate de mouches* in: *Je suis partout* vom 11. Juni 1943.
Laurent, Jean, *«Les mouches»* in: *Vedettes* vom 20. Juni 1943.
Leclerc, Guy, *«Les mouches» conte aride* in: *L'Humanité-Dimanche* vom 21. Januar 1951.
Leiris, Michel, *Oreste et la Cité* in: *Les Lettres françaises*, Dezember 1943; wiederabgedruckt in: *Brisées*, Mercure de France, Paris 1966, und in: Jacques Lecarme (Hg.), *Les critiques de notre temps et Sartre*, Garnier, Paris 1973.
Lemarchand, Jacques, *«Les mouches» de Jean-Paul Sartre* in: *Le Figaro littéraire* vom 6. August 1964.
Lorris, Robert, *«Les séquestrés d'Altona», terme de la quête orestienne* in: *French Review*, Oktober 1970.
Lusset, M. et al., *Jean-Paul Sartre à Berlin. Discussion autour des «Mouches»* in: *Verger* 1. Jg., Nr 5, 1948.
M. L. (Marcelle Lapierre), *«Les mouches»* in: *L'Atelier* vom 12. Juni 1943.
Mankowitz, Wolf, *«The flies» and «No exit»* in: *Politics and Letters* 1. Jg., Sommer 1947.

Marcel, Gabriel, «*Les mouches*» in: *Rencontres*, 1943.
Marcel, Gabriel, «*Les mouches*» in: *Les Nouvelles littéraires* vom 18. 1. 1951; wieder abgedruckt in: *L'heure théâtrale*, Paris 1959.
Marsh, Kathleen Louise, *The formal integrity of «Les mouches»*, M. A. thesis, University of Virginia, 1973.
Mason, H. A., *Existentialism and literature* in: *Scrutiny*, September 1945.
Mauduit, Jean, «*Les mouches*» in: *Témoignage chrétien* vom 2. Februar 1951.
Maulnier, Thierry, «*Les mouches*» in: *La Revue Universelle* vom 25. Juli 1943.
Maulnier, Thierry, «*Les mouches*» in: *Combat* vom 19. Januar 1951.
McClaren, James C., *Identical contents: greek myth, modern french drama* in: *Renascence* 21. Jg., Nr. 1, Herbst 1968.
Méré, Charles, *Théâtre de la Cité: «Les mouches»* in: *Aujourd'hui* vom 12. Juni 1943.
Merleau-Ponty, Maurice, «*Les mouches*» in: *Confluences*, September–Oktober 1943.
Milroy, Vivian, *Two plays by Jean-Paul Sartre* in: *The New English Weekly* vom 31. Juli 1947.
Minet, Pierre, «*Les mouches*» in: *Les Ondes* vom 20. Juni 1943.
Mourgues, Odette de: *Avatars of Jupiter in Sartre's «Les mouches», Giraudoux's «Amphitryon 38»* in: Freeman, E. / Mason, H. / O'Ryon, M. / Taylor, S. W. (Hg.), *Myth and its making in the french theatre*, Cambridge University Press, Cambridge 1988.
Mouyal, Jacques Ben, *La liberté dans «Les mouches» de Sartre*. M. A. thesis, Emory University, 1970.
Neveux, Georges, «*Les mouches*» *de Jean-Paul Sartre au Théâtre de la Cité* in: *Cahiers du Sud*, Oktober 1943.
North, Robert J., *Introduction* in: Jean-Paul Sartre, *Les Mouches*, George G. Harrap, London 1963.
P.-L. M (Paul-Louis Mignon), «*Les mouches*» in: *L'information universitaire* vom 12. Juni 1943.
Pacaly, Josette, *Relecture des «Mouches» à la lumière des «Mots»* in: *Études philosophiques et littéraires*, März 1968.
Phelan, Kappo, *Stage and screen: «The flies»* in: *The Commonwealth* vom 9. Mai 1947.
Philippe, M., «*Les mouches*» in: *Jeune Force de France* vom 15. Juli 1943.

Pocock, J. G. A., «The flies» iŋ: *Cambridge Review* vom 22. Februar 1958.

Poirot-Delpech, Bertrand, «*Les mouches*» *de Sartre par la Compagnie Deschamps* in: *Le Monde* vom 28. Juli 1964.

Purnal, Roland, *Au théâtre de la Cité* «*Les mouches*» in: *Comœdia* vom 12. Juni 1943.

Ranson, André, *Théâtre du Vieux-Colombier:* «*Les mouches*» *de Jean-Paul Sartre* in: *Le Matin – Le Pays* vom 16. 1. 1951.

Renaitour, Jean-Michel (J.-M. Tournaire), «*Les mouches*» in: *L'Œuvre* vom 7. Juni 1943.

Rickman, H. P., *Théâtre de la Cité:* «*Les mouches*» in: *La France socialiste* vom 12. Juni 1943.

Ridge, George, *Meaningful choice in Sartre's drama* in: *French Review* 30. Jg., 1956.

Rostand, Maurice, «*Les mouches*» in: *Paris-Midi* vom 7. Juni 1943.

Roulet, Lionel de, *Jean-Paul Sartre:* «*Les mouches*» in: *France libre* vom 15. März 1949.

Rowls, G. L., *The existentialist philosophy of Sartre in* «*Les mains sales*», «*Huis clos*» *and* «*Les mouches*», M. A. thesis, Michigan State University, 1978.

Royle, Peter, *The ontological significance of* «*Les mouches*» in: *French Studies*, Januar 1972.

Rubinstein, L. H., *Les* «*Oresties*» *dans la littérature avant et après Freud. Sartre, Giraudoux, Yourcenar* in: *Entretiens sur l'art et la psychanalyse*, Paris 1968.

Russell, John, *The existentialist theater* in: *Horizon*, Mai 1945.

S. H., «*Les mouches*» in: *Présent* vom 14. Juni 1943.

Sarrochi, Jean, *Sartre dramaturge* in: *Travaux de linguistique et de littérature* 8. Jg., Nr. 2, 1970.

Saurel, Renée, *Vieux-Colombier:* «*Les mouches*» *de Jean-Paul Sartre* in: *Combat* vom 16. Januar 1951.

Seidlin, Oskar, *The* «*Oresteia*» *today. A myth dehumanized* in: *Thought* 34. Jg., Herbst 1959.

Selke, Hartmut K., *An allusion to Sartre's* «*The flies*» *in Ralph Ellison's* «*Invisible man*» in: *Notes on Contemporary Literature*, Mai 1974.

Sentein, François, «*Les mouches*» in: *Idées*, Juli 1943.

Silvain, Jean, «*Les mouches*» in: *L'Appel* vom 10. Juni 1943.

Simon, Pierre-Henri, *Jean-Paul Sartre et le destin* in: *Témoins de l'homme*, Colin, Paris 1952.

Slaymaker, William E., *Tragic freedoms. Milton's Samson and Sartre's Orestes* in: *Studies in Humanities* 6. Jg., Nr. 2, 1978.

Slochower, Harry, *The function of myth in existentialism* in: *Yale French Studies* Nr. 1, Frühjahr–Sommer 1948.

Stamm, Rudolf, *The Orestes theme in three plays by Eugene O'Neill, T. S. Eliot and Jean-Paul Sartre* in: *English Studies* 30. Jg., 1949.

St. Aubyn, F. C. / Marshal, Robert G. (Hg.), *Introduction* in: Jean-Paul Sartre, «*Les mouches*», Harper & Row, New York / London 1963.

Stenström, Thure, *Sartres «Les mouches»* in: *Existentialismen. Studier i dess idetradition och litterära yttringar*, Natur och Kultur, Stockholm 1966.

Straub, Frédérique, «*Les mouches*» in: *Pariser Zeitung* vom 18. Juni 1943.

Stull, Heidi I., *The epic theater in the face of political oppression: «Les mouches»* in: Patricia M. Hopkins / Wendell M. Aycock (Hg.), *Myths and realities of contemporary french theater*, Texas Tech Press, Lublock, Texas 1985.

Sueur, Georges, *«Les mouches» de Sartre au Centre dramatique du Nord* in: *Le Monde* vom 27. November 1969.

Trilling, Lionel, *Sincerity and authenticity*, Harvard University Press, Massachusetts 1972.

Van Laere, François, *La liberté sur le vif. Sartre et «Les mouches» aujourd'hui* in: *Synthèses*, Oktober–November 1967.

Weisert, John J., *Two recent variations on the Orestes theme* in: *Modern Language Journal*, Mai 1951.

Williams-Ellis, Amabel, *Paris faces the winter* in: *The Spectator* vom 21. September 1945.

Wolkowitz, A. D., *The myth of Atridae in classic and modern drama*, Diss., New York University, 1973.

Worsley, T. C., *Ustinov and Sartre* in: *The New Statesman* vom 1. Dezember 1951.

Zanganesh, Dordaneh Mozaffar, *Les variations modernes de «l'Orestie» d'Eschyle chez J.-P. Sartre et T. S. Eliot*, Diss., Université de Paris 1974.

Inhalt

Bariona 7

Jean-Paul Sartre über *Bariona* 86
Quellennachweis 87
Nachwort 88
Aufführungen 92
Bibliographie 93

Die Fliegen 95

Jean-Paul Sartre über *Die Fliegen* 190
Quellennachweis 194
Aufführungen 195
Bibliographie 196

Jean-Paul Sartre
Gesammelte Werke in Einzelausgaben

In Zusammenarbeit mit dem Autor und Arlette Elkaïm-Sartre
begründet von Traugott König,
herausgegeben von Vincent von Wroblewsky

Romane und Erzählungen
Band 1: Der Ekel. Roman (Gebunden und als rororo 581)
Band 2: Die Kindheit eines Chefs. Gesammelte Erzählungen (Gebunden und als rororo 5517)
Band 3: Zeit der Reife. Die Wege der Freiheit 1. Roman (rororo 5813)
Band 4: Der Aufschub. Die Wege der Freiheit 2. Roman (rororo 5935)
Band 5: Der Pfahl im Fleische. Die Wege der Freiheit 3. Roman (rororo 12270)
Band 6: Die letzte Chance. Die Wege der Freiheit 4. Romanfragment (rororo 5692)

Theaterstücke
Band 1/2: Bariona oder Der Sohn des Donners. Ein Weihnachtsspiel – Die Fliegen (rororo 12942)
Band 3: Geschlossene Gesellschaft (rororo 5769)
Band 4: Tote ohne Begräbnis (rororo 12487)
Band 5: Die respektvolle Dirne (rororo 5838)
Band 6: Die schmutzigen Hände (rororo 12485)
Band 7: Der Teufel und der liebe Gott (rororo 12951)
Band 8: Kean (rororo 13260)
Band 9: Nekrassow
Band 10: Die Eingeschlossenen von Altona (rororo 12525)
Band 11: Die Troerinnen des Euripides (rororo 13759)

Drehbücher
Band 1: Das Spiel ist aus (rororo 59)
Band 2: Im Räderwerk (rororo 12207)
Band 3: Freud. Das Drehbuch (Gebunden und als rororo 13607)